Frank Schöttl

GARANTIERT SAXOPHON LERNEN

Für Es-Alt Saxophon & B-Tenor Saxophon

erfolgreich lernen

ohne Vorkenntnisse

für Anfänger und Wiedereinsteiger

mit Playalong-CD

mit Internet Unterstützung

Über den Autor:
Frank R. Schöttl, geboren 1964 in Stuttgart, erwarb 1993 an der Hochschule für Künste in Bremen die Bühnenreifeprüfung für Saxophon und ist seitdem als selbstständiger (Studio-) Musiker, Autor und Lehrer tätig. Zusammenarbeit u.a. mit Radio Bremen, WDR, Bobby Byrd (James Brown), Laomie Washburne (Rufus).

Dank

GARANTIERT SAXOPHON LERNEN ist aus meinen Erfahrungen in der Tätigkeit als Musiker und Saxophonlehrer hervorgegangen. Ich möchte es all denen widmen, die mich auf diesem Weg unterstützt haben. Insbesondere meiner Mutter, die mir mein erstes Saxophon gekauft hat, sowie meinen Saxophonlehrern Ralf Brenner, Christoph Ralfs und Herb Geller, ohne die dieses Buch nicht möglich gewesen wäre.

Vielen Dank auch an Thomas Petzold und Carsten Gerlitz für ihre Unterstützung und die kreative Zusammenarbeit.

Mein besonderer Dank gilt Achim Kopitzki von der Holzblasinstrumentenwerkstatt Werner Fischer, Krögersweg 31A in 28357 Bremen für die hervorragende Unterstützung.

Für Conny und Alex!

Autor und Verlag bestätigen, das vorliegende Buch mit der notwendigen Sorgfalt bearbeitet und einer mehrmaligen, gewissenhaften Kontrolle unterzogen zu haben. Sollten Sie dennoch einen Fehler entdecken, werden wir uns über eine kurze Nachricht freuen.

ONLINE AUDIO – Note the code:
Zum Lieferumfang dieses Buchs gehört auch eine **CD**. Solltest du keinen CD-Spieler besitzen, kannst du dir die dazugehörigen MP3-Dateien auf unserer Website downloaden:

alfred.com/redeem/
Dein Password: 3933136180

Das gesamte Werk ist in allen seinen Teilen urheberrechtlich geschützt. Mit dem Kauf dieses Produkts übertragen wir dem Käufer das Recht, das Buch und die dazugehörigen digitalen Daten **ausschließlich für den persönlichen Gebrauch** *zu nutzen. Jegliche Form der Verwendung außerhalb der engen Grenzen des Urheberrechts bedarf der vorherigen schriftlichen Zustimmung des Verlages. Dies gilt insbesondere für Vervielfältigungen wie Fotokopien, Einspeicherung und Verarbeitung in elektronischen Medien sowie die Übersetzung in eine andere Sprache oder Mundart. Jede Form der kommerziellen, nicht-privaten Nutzung ist ausdrücklich untersagt.*

© 2003 / 2025 by **Alfred** Music Publishing GmbH
Lützerathstraße 127 • 51107 Köln
info@alfredverlag.de
alfred.com
All Rights Reserved.
Printed in Germany.

Covergestaltung & Illustrationen: Petra Weißenfels
Layout, Redaktion & Lektorat: Thomas Petzold
Fotos: Heiko Uehlecke, Bremerhaven
CD-Recording: Carsten Gerlitz
Art.-Nr.: 20107G (Buch & CD)
ISBN 10: 3-933136-18-0
ISBN 13: 978-3-933136-18-3

Intro

GARANTIERT SAXOPHON LERNEN richtet sich an alle, die Lust haben, das Saxophonspiel zu erlernen. Es werden keine speziellen Vorkenntnisse erwartet. Trotzdem ist es sehr hilfreich, wenn bereits musikalisches Wissen oder Erfahrung vorhanden sind.

Da jeder Mensch sein eigenes Tempo beim Lernen hat, habe ich bewusst auf eine Einteilung in Wochenkapitel verzichtet. Niemand hat nur Schwächen oder Stärken, auch nicht auf musikalischem Gebiet. Die einzelnen Lektionen bauen Schritt für Schritt aufeinander auf. Dein Lerntempo bestimmst du selbst.

Der Schwierigkeitsgrad ist langsam ansteigend, und besonders am Anfang wird mehr Gewicht auf die Tonerzeugung als auf das möglichst schnelle Erlernen vieler Noten ausgerichtet. Die Grundlagen des Saxophonspiels, wie *Haltung, Tonbildung, Atmung* usw. werden nämlich am Anfang gelegt. Wer sich in der Anfangsphase Fehler eintrainiert, wird später oft extreme Probleme haben, diese wieder los zu werden.

Der erfolgreiche Weg

- spielerisch leicht lernen
- ohne Vorkenntnisse
- kleine, überschaubare Schritte
- die wichtigsten Spieltechniken
- 32 Play-alongs zum Mitspielen für Alt und Tenor Saxophon
- Tipps und Hinweise
- Ausklappbare Grifftabelle
- Internet-Unterstützung

Aus diesem Grunde sind diese Anfänge möglichst deutlich dargestellt. Zur Unterstützung und Hilfestellung findest du viele Fotos und Illustrationen. Besonders der korrekte Zusammenbau des Instruments und das Auffinden aller Klappen wird durch diese Abbildungen in Verbindung mit der Grifftabelle vereinfacht. Die *ausklappbare Grifftabelle* mit der schematischen Darstellung aller Griffmöglichkeiten auf dem Saxophon sowie einige Anspieltipps findest du im Anhang dieses Buches. Du kannst sie parallel zu jeder Lektion aufschlagen.

Ein Großteil der Übungen und Stücke, inklusive Saxophonstimme, sind auf der Begleit-CD in einem gut nachspielbaren Tempo aufgenommen. Die Begleitband und die Saxophonstimme wurden getrennt aufgenommen und auf je eine Seite des Stereobildes gelegt. So hörst du auf dem einen Lautsprecher deiner Stereoanlage ausschließlich die Begleitband, auf dem anderen nur die Saxophonstimme. Mit dem Balanceregler (regelt die Lautstärkenverteilung zwischen rechtem und linkem Lautsprecher) kannst du also das Lautstärkeverhältnis zwischen Begleitband und Saxophonmelodie individuell einstellen. Wenn du bei einem Stück schon sehr sicher bist, kannst du die Saxophonstimme auch ganz wegdrehen. Das dient der Vorbereitung auf das Zusammenspiel mit anderen Musikern.

Da Saxophone nicht - wie z.B. Klaviere oder Gitarren - in C gestimmt sind, benötigt man unterschiedliche Playbacks für Alt oder Tenor Saxophon (*vgl. S. 9*). Die Tracks 1 - 44 sind für Saxophone, die in Es gestimmt sind (z.B. Alt Saxophon) und die Tracks 45 - 88 sind für Saxophone, die in B gestimmt sind (z.B. Tenor Saxophon).

Bei neuen Titeln werden die jeweiligen Neuerungen und die neu auftauchenden Töne inkl. Griffweise dargestellt. Bei besonders kniffeligen Griffverbindungen sind extra Ton- oder Technikübungen vorangestellt, die das Spielen der darauffolgenden Stücke erleichtert. Auch einige grundsätzliche technische Schwierigkeiten werden in diesen Übungen genauer beleuchtet. Auch wenn diese Übungen meist weniger spannend als die Musikstücke sind, so sollten sie genauso aufmerksam und konzentriert geübt werden.

Trotz aller Sorgfalt kann ein Buch jedoch nie die Möglichkeiten bieten, die ein qualifizierte(r) Saxophonlehrer(in) bietet. Diese(r) kann individuell auf die Bedürfnisse und speziellen Probleme besser eingehen, als jedes Buch dies könnte.

Dennoch bieten dir die Tipps und Hinweise Hilfe an, Spielfehler gleich zu erkennen und Irrwege zu vermeiden. Und hast du trotzdem noch Fragen, findest du weitere Unterstützung im Internet unter www.garantiertsax.de. Dort stehen auch weitere Playalongs als MP3 sowie die Grifftabelle und alle Lösungen (Spielwiese) zum Download bereit.

Jetzt wünsche ich dir viel Spaß, Freude und Erfolg mit GARANTIERT SAXOPHON LERNEN!

Inhalt

Intro 3
Hinweise / CD-Übersicht 6

1
- Das Saxophon 8
- Transponierende Instrumente - Was ist das? 9
- Die Saxophonfamilie 10
- Die Bauteile des Saxophons 12
- Empfehlenswertes Zubehör 13
- Startvorbereitungen 14

Einstellung des Saxophons auf die individuelle Körpergröße 16
Die Handhaltung 17
Die Pflege und Wartung des Saxophons 18
Das Stimmen 20

2
- Der erste Ton 22
- Die Ansatz-Checkliste 22
- Die Atmung 23
- Keine Not mit Noten 24
- Die ersten beiden Töne „a" und „g" 26
- Die Ganze Note - Die Ganze Pause 26

Dein erster Song 26
Die Halbe Note 27
Der Legatobogen 28
Die beiden Töne „h" und „c" 28
Spielwiese 30

3
- Die rechte Hand 32
- Der Ton „e" 32
- Die Halbe Pause 33
- Die Töne „f" und „d" 34
- Die ersten Duette 36
- Die Viertelnote 37
- Spielwiese 38

4
- Die Versetzungszeichen 40
- Der Ton „cis" 41
- Die Töne „b" und „ais" 42
- Die Wiederholungsklammer 43
- Die Viertelpause 44
- Die Töne „fis" und „ges" 44

Artikulationszeichen 44
Die Oktavklappe 47
Die Oktavtöne „d" und „e" 47
Die punktierte Halbe 48
Spielwiese 50

5
- Die Achtelnote - Die Achtelpause 52
- Die Pentatonik 53
- Eigene Variationsideen 54
- Die punktierte Viertelnote 55
- Die Synkope 55
- Die Töne „gis" und „as" 57

Dal Segno al Coda 57
Eigene Artikulationszeichen 58

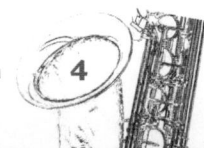

Garantiert Saxophon lernen

	Die Töne „**dis**" und „**es**"	59
	Die chromatische Tonleiter	61
	Dur und Moll - ein wenig Musiktheorie	63
	Die Tonart-Vorzeichen	63
	Der Quintenzirkel	63
	Spielwiese	64
6	Die Oktavtöne „**dis**" / „**es**" und „**f**"	66
	Der 3/4-Takt	67
	Der Oktavton „**g**"	68
	Der Oktavton „**a**"	69
	Die Oktavtöne „**fis**" / „**ges**"	70
	Die G-Dur und E-Moll Tonleiter	70
	Die F-Dur und D-Moll Tonleiter	72
	Die Oktavtöne „**ais**" / „**b**"	74
	Spielwiese	76
7	Improvisation mit der Blues Tonleiter	78
	Der Oktavton „**c**"	80
	Die B-Dur und G-Moll Tonleiter	80
	Der Oktavton „**h**"	83
	Die D-Dur und H-Moll Tonleiter	83
	Transponieren	85
	Die Oktavtöne „**gis**" / „**as**"	86
	Die Es-Dur und C-Moll Tonleiter	87
	Die A-Dur und Fis-Moll Tonleiter	89
	Die Achteltriole	91
	Spielwiese	94
8	Die Swingphrasierung	96
	Swing Synkopen	98
	Punktierte Viertelnoten im Swing	99
	Weitere Swing Synkopen	100
	Spielwiese	102
9	Die As-Dur und F-Moll Tonleiter	104
	Das tiefe Register	105
	Das tiefe „**C**"	105
	Das tiefe „**H**"	107
	Das tiefe „**Cis/Des**"	108
	Das tiefe „**B/Ais**"	110
	Das hohe Register	111
	Das hohe „**D**"	111
	Das hohe „**Dis/Es**"	112
	Das hohe „**E**"	114
	Das hohe „**F**"	115
	Spielwiese	116
10	Das hohe „**Fis/Ges**"	118
	Die Dynamik - laut und leise	119
	Alternativ- und Trillergriffe	121
	Die Sechzehntel	123
	Die punktierte Achtel	126
	Staccato	127
	Spielwiese	128
	Ausklappbare Grifftabelle	129

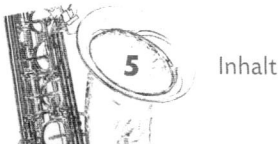

Hinweise zur CD

- Die beiliegende CD enthält insgesamt **88 Tracks**.
- Track 1 - 44 sind mit dem *Alt Saxophon* aufgenommen.
- Track 45 - 88 sind mit dem *Tenor Saxophon* aufgenommen.
- Höre dir zunächst immer erst die Tonbeispiele an und lies die Noten mit. Übe dann ohne CD. Spiele erst zur CD, wenn du die Übung bzw. das Stück wirklich beherrschst.
- Die CD enthält insgesamt **32 Playalongs**. Um die Playalongs ohne die Saxophonstimme zu hören, kannst du sie mit dem *Balanceregler* an deiner Stereoanlage ausblenden. Die CD ist so aufgenommen, dass das Playback nur auf einem Kanal zu hören ist.

Dieses CD-Symbol zeigt an, welche Übung auf der CD zu hören ist. Die Zahl **25** gibt die Anwählnummer auf der CD an.

CD-Übersicht Alt Sax

Nr.	Inhalt	Seite
Lektion 1		
01	Stimmton H (Alt Saxophon)	20
Lektion 2		
02	Die Töne „a", „g"	25/26
03	Twin Feelings	27
04	Ganz und Halb	27
05	Together Again	28
06	Die Töne „h" und „c"	29
07	See You (Legato)	29
Lektion 3		
08	All Together	32
09	Pausenzeit (Legato)	33
10	Duett 2	36
11	Übung Ganze/Halbe/Viertel	37
Lektion 4		
12	Übung Ton „cis"	41
13	Half Step	43
14	Artikulationsübungen	45
15	Blue Point	46
16	Pointed Out	48
Lektion 5		
17	Eight Bar Song	53
18	Punktierte Viertelübungen (Synkope)	55
19	Syncopation	56
20	Blue Mood	58/59
21	Liquid Song	60
22	Chrome Funk	62
Lektion 6		
23	Conny's Waltz	67/68
24	Banana Boat Song	75
Lektion 7		
25	Blues Lick Variationen	79
26	Lovesong (Aura Lee)	88
27	Triolenübung 1	91
28	Amazing Grace	92
Lektion 8		
29	Swingphrasierung	97
30	Rhythm Of The Heart	97
31	Swing Synkopen 2	98
32	Swing It	98/99
33	Swing Point	99
34	Weitere Swing Synkopen	100
35	Sunny Side Up	100/101
Lektion 9		
36	Wade In The Water	106
37	Nobody Knows The Trouble I've Seen	110/111
38	La Bamba	113
39	Scarborough Fair	114
40	The House Of The Rising Sun	115
Lektion 10		
41	Oh Happy Day	120/121
42	Can-Can	124
43	St. James Infirmary	125
44	The Entertainer	127

CD-Übersicht Tenor Sax

Nr.	Inhalt	Seite
Lektion 1		
45	Stimmton H (Tenor Saxophon)	20
Lektion 2		
46	Die Töne „a", „g"	25/26
47	Twin Feelings	27
48	Ganz und Halb	27
49	Together Again	28
50	Die Töne „h" und „c"	29
51	See You (Legato)	29
Lektion 3		
52	All Together	32
53	Pausenzeit (Legato)	33
54	Duett 2	36
55	Übung Ganze/Halbe/Viertel	37
Lektion 4		
56	Übung Ton „cis"	41
57	Half Step	43
58	Artikulationsübungen	45
59	Blue Point	46
60	Pointed Out	48
Lektion 5		
61	Eight Bar Song	53
62	Punktierte Viertelübungen (Synkope)	55
63	Syncopation	56
64	Blue Mood	58/59
65	Liquid Song	60
66	Chrome Funk	62
Lektion 6		
67	Conny's Waltz	67/68
68	Banana Boat Song	75
Lektion 7		
69	Blues Lick Variationen	79
70	Lovesong (Aura Lee)	88
71	Triolenübung 1	91
72	Amazing Grace	92
Lektion 8		
73	Swingphrasierung	97
74	Rhythm Of The Heart	97
75	Swing Synkopen 2	98
76	Swing It	98/99
77	Swing Point	99
78	Weitere Swing Synkopen	100
79	Sunny Side Up	100/101
Lektion 9		
80	Wade In The Water	106
81	Nobody Knows The Trouble I've Seen	110/111
82	La Bamba	113
83	Scarborough Fair	114
84	The House Of The Rising Sun	115
Lektion 10		
85	Oh Happy Day	120/121
86	Can-Can	124
87	St. James Infirmary	125
88	The Entertainer	127

Garantiert Saxophon lernen

Lektion 1

Das lernst du:

Grundbegriffe
Geschichte
Gattung und Bauweise
Transponierendes Instrument
Die Saxophonfamilie
Die Bauteile des Saxophons
Empfehlenswertes Zubehör
Startvorbereitungen
Spielhaltung
Hand- und Fingerposition
Pflege und Wartung

Das Saxophon

Geschichte

Das Saxophon ist ein relativ junges Instrument, das *Adolphe Sax* (geb. 6. November 1814), als Sohn des belgischen Kunsttischlers und Instrumentenbauers *Charles Joseph Sax*, erst um das Jahr 1842 herum erfand. In diesem Jahr übersiedelte Adolphe Sax von Brüssel nach Paris, wo er sein Bass Saxophon dem Komponisten *Hector Berlioz* vorführte, der - vollauf begeistert - ihm eine große Zukunft in der Orchestermusik voraussagte. Der offizielle Patentantrag für die komplette Saxophonfamilie wurde aber erst 1846 gestellt. Die ersten Triumphe feierte das Saxophon aber in der Militärmusik, deren herkömmliche Besetzung bald mit Saxophonen ergänzt wurde. Die Würdigung seines Lebenswerkes und die außerordentliche Popularität der Saxophone im 20. Jahrhundert hat Adolphe Sax allerdings nicht mehr miterleben dürfen. Er starb am 7. Februar 1894 vollkommen verarmt. Mit seiner Verwendung im Jazz im 20. Jahrhundert wuchs die Popularität des Saxophons, und auch E-Musik-Komponisten wie *Hector Berlioz, Georges Bizet, Maurice Ravel, Richard Strauss, Paul Hindemith* und *Kurt Weill* - um nur einige zu nennen - nahmen sich in ihren Kompositionen seiner an.

Aber besonders eng verbunden mit dem Saxophon sind die Namen bekannter Jazzmusiker wie *Charlie Parker, John Coltrane* u.v.a., die die Saxophonspielweise und seine vielfältigen Ausdrucksmöglichkeiten entscheidend beeinflusst haben. Ihr individueller und unverwechselbarer Sound wäre auf anderen Blasinstrumenten wohl unmöglich gewesen.

Gattung und Bauweise

Obwohl es auf den ersten Eindruck wie ein Blechblasinstrument daherkommt, gehört das Saxophon doch zur Familie der *Holzblasinstrumente*. Entscheidend für die Einordnung ist nämlich nicht die Beschaffenheit des Korpus (hier: aus Metall, Goldmessing, Neusilber oder Kupfer), sondern die Art der *Tonerzeugung*. Beim Saxophon geschieht das durch die Vibration eines *Holzrohrblattes*.

Das Saxophon besteht im wesentlichen aus drei Teilen: dem *Korpus*, dem *S-Bogen* und dem *Mundstück*, unter dem ein *einfaches Holzrohrblatt* angebracht ist. Vor jedem Spielen müssen diese Teile zusammengebaut werden. *Achtung:* Gerade am Anfang besteht die Gefahr, dass durch unsachgemäßen Umgang Schäden am Instrument entstehen. Aus diesem Grunde bitte vor dem Zusammenbau erst die *Startvorbereitungen* auf S. 14ff aufmerksam lesen. Mundstück und Beschaffenheit des Blattes, das in verschiedenen Härte- und Stärkegraden angeboten wird, sind wesentlich verantwortlich für den Sound des Saxophons.

Das augenfälligste Merkmal des Saxophons ist die *gebogene Form* seines *Korpus*, der eine *konische* (sich nach unten verbreiternde Bohrung) aufweist, die in den ausladenden, *trichterförmigen Schallbecher* mündet. Diese gebogene Form gilt allerdings nicht für das *Sopran Saxophon* (*vgl. S. 10*), das meist in gerader Form - ähnlich der Klarinette - gebaut ist. Aufgrund seiner konischen Form überbläst das Saxophon anders als die Klarinette in die Oktave, so dass die Griffe der ersten und zweiten Oktave sich nur durch die Benutzung der *Oktavklappe* (*vgl. S. 46*) unterscheiden. Die *Klappen* über den Tonlöchern werden von einer ausgefeilten *Mechanik aus Deckeln, Federn und Hebeln* geöffnet oder geschlossen. Für das direkte Abdecken von Tonlöchern - wie bei der Blockflöte oder der Klarinette - sind die Tonlöcher beim Saxophon zu groß. Unter den Klappen sitzen - zum luftundurchlässigen Verschluss - mit Leder überzogene *Filzpolster*, die häufig mit Resonatoren aus Metall oder Kunststoff ausgestattet sind. Diese komplexe Mechanik ist der empfindlichste Teil des Saxophons. Ist sie beschädigt oder verschlissen, kann das bis zur Unspielbarkeit des Instrumentes führen. Der Korpus selber ist häufig mit einer Schutzschicht aus Klar- oder Goldlack überzogen.

Vorsicht beim Zusammenbau deines Saxophons. Bitte erst die Anleitung auf S. 14 aufmerksam lesen, um Schäden zu vermeiden!

Transponierende Instrumente ...
... was ist das?

Saxophone werden in verschiedenen Größen und Stimmungen gebaut. Vom *Sopran Saxophon* (und dem noch kleineren *Sopranino*) bis zum *Bass Saxophon* deckt die Familie der Saxophone von der hohen bis zur tiefen Lage alle Stimmlagen ab (*vgl. S. 10 ff.*).

Griffweise und *Notenschrift* sind auf den unterschiedlichen Modellen *gleich*. Das macht es einfach, von einem Saxophon zum anderen zu wechseln. Allerdings sind die verschiedenen Saxophonmodelle *unterschiedlich* gestimmt (*vgl. Sax-Stimmungen*).

Das bedeutet: ***Der klingende Ton ist nicht gleich dem notierten Ton.***

Der notierte Ton „**C**" auf dem *Tenor Saxophon* klingt wie „**B**" auf dem Klavier.
Der notierte Ton „**C**" auf dem *Alt Saxophon* klingt wie „**Es**" auf dem Klavier.

Für den Saxophonanfänger klingt das komplizierter, als es in Wirklichkeit ist. In der Praxis tritt dieses Problem nämlich erst beim Zusammenspiel mit anders gestimmten Instrumenten auf.

In „**C**" gestimmte Instrumente (z.B. *Klavier, Gitarre, Blockflöte* u.a.) kennen dieses Problem nicht. Notenschrift und Klang sind identisch. Nur sogenannte *transponierende Instrumente* (*Saxophone, Klarinetten, Trompeten* u.a.) klingen anders als notiert. Das heißt: Die geschriebenen Töne werden klanglich in eine andere Tonart „hinübergesetzt" (transponiert), nämlich in diejenige Tonart, die der Grundstimmung des transponierenden Instruments entspricht (z.B. B-Dur beim Tenor Saxophon, Es-Dur beim Alt Saxophon). Das ist auch der Grund dafür, warum auf der beiliegenden CD in diesem Buch für jedes Playback zwei Versionen aufgenommen wurden.

Sax-Stimmungen

Die Stimmung der verschiedenen Saxophonmodelle ist nicht gleich. Von der höchsten zur tiefsten Lage wechseln sich B- und Es-Dur ab:

Sopranino:	Es-Dur
Sopran Sax:	B-Dur
Alt Sax:	Es-Dur
Tenor Sax:	B-Dur
Bariton Sax:	Es-Dur
Bass Sax:	B-Dur

Dieser scheinbare Nachteil gereicht jedoch zum Vorteil, da er den Wechsel zwischen den Saxophonen unterschiedlicher Stimmung unproblematisch macht. Denn Griff und Note sind auf allen Saxophonen gleich. Nur ihr Klang ist unterschiedlich.

Bei einem Vergleich zu einem in C gestimmten Instrument wie dem Klavier ergibt sich die in der folgenden Tabelle aufgezeigte Verschiebung der Töne. Spielt das in „Es" gestimmte Alt Saxophon den geschriebenen Ton „A" (linke Spalte), entspricht das dem Ton „C" auf dem Klavier (mittlere Spalte) und dem Ton „D" auf dem Tenor Saxophon (rechte Spalte) usw.

transponierte Es-Stimmung (Sopranino/Alt/Bariton Sax)	klingende C-Stimmung (z.B. Klavier)	transponierte B-Stimmung (Sopran/Tenor/Bass Sax)
A	C	D
Ais/B	Cis/Des	Dis/Es
H	D	E
C	Dis/Es	F
Cis/Des	E	Fis/Ges
D	F	G
Dis/Es	Fis/Ges	Gis/As
E	G	A
F	Gis/As	Ais/B
Fis/Ges	A	H
G	Ais/B	C
Gis/As	H	Cis/Des

Aus dem **C** auf dem **Alt Sax** wird ein **klingendes Es** auf dem **Klavier** (= Es Alt Saxophon).

Aus dem **C** auf dem **Tenor Sax** wird ein **klingendes B** auf dem **Klavier** (= B Tenor Saxophon).

Die Saxophonfamilie

Saxophone werden in verschiedenen Größen und Stimmungen gebaut. Alle zusammen bilden die *Saxophonfamilie*, die aus insgesamt *acht* Mitgliedern besteht. Von der höchsten bis zur tiefsten Stimmlage sind das:

1. **Sopranino in Es**
2. **Sopran in B**
3. **Alt in Es**
4. **Tenor in B**
5. **Bariton in Es**
6. **Bass in B**
7. **Kontrabass in Es**
8. **Subkontrabass in B**

Die *gebräuchlichsten* sind Alt und Tenor Saxophon, gefolgt von Sopran und Bariton. Sopranino und Bass sind eher *selten* und Kontrabass sowie Subkontrabass, das bislang noch nicht in Serie gebaut wurde, sind absolute *Exoten*, die man zum Teil nur in Museen findet. Die Sax-Stimmungen wechseln sich - oben beginnend - zwischen **Es** und **B** ab. Der Tonumfang erstreckt sich über zweieinhalb Oktaven, kann aber mit einer speziellen Überblastechnik nach oben erweitert werden.

Das B Sopran Saxophon

Das *Sopran Saxophon* ist das Instrument der Saxophon-Familie, das die *hohen Tonlagen* abdeckt. Es ist *ca. 65 cm lang*, wird meist in einem Stück in *gerader* Form gebaut. Es ist in **B** gestimmt. Das heißt, es wird *einen Ton (große Sekunde)* höher notiert, als es klingt (*vgl. S. 9*). Die Notation erfolgt im *Violinschlüssel*.

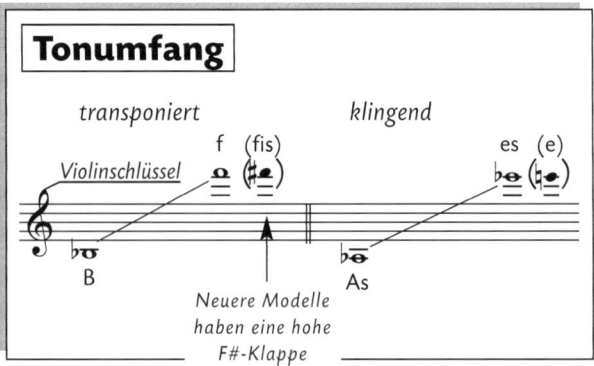

Aufgrund seiner geringen Größe scheint es besonders als Anfängerinstrument für Kinder geeignet zu sein. Die Anblastechnik (*Ansatz*) ist allerdings sehr fest und daher für Anfänger nicht ganz einfach. Ich empfehle deshalb, vor dem Kauf einen Test beim Instrumentenhändler zusammen mit dem Saxophonlehrer vorzunehmen. Auch der im Vergleich zum Alt Saxophon höhere Kaufpreis sollte mit in die Überlegungen einfließen.

Das Sopran Saxophon wird hauptsächlich als Solo-Instrument vor allem im *Jazz, Jazz-Rock, Pop-Jazz* und *Fusion* eingesetzt. Darüber hinaus klingt es besonders reizvoll als Leadstimme in einem Saxophonsatz.
Berühmte Interpreten: *Sydney Bechet, Steve Lacy, Kenny G., Branford Marsalis.*

Das Es Alt Saxophon

Der zweithöchste, gebräuchliche Vertreter der Saxophonfamilie ist das *Alt Saxophon*. Es ist *ca. 102 cm lang* und besteht aus *drei* Teilen, dem *gebogenen Korpus*, dem *S-Bogen* und dem *Mundstück*. Es ist in **Es** gestimmt und wird im *Violinschlüssel* sechs *Töne (große Sexte)* höher notiert, als es klingt.

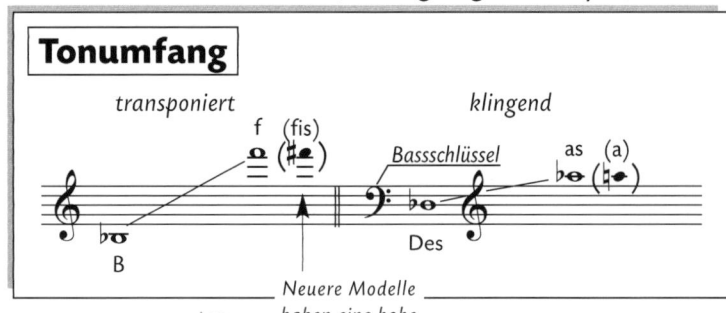

Garantiert Saxophon lernen - Lektion 1

Aufgrund eines großen Marktangebotes ist das Alt das *preisgünstigste* der Saxophonfamilie. Es gehört, neben dem Tenor Saxophon, zu den verbreitetsten Saxophonmodellen, und ist besonders als *Anfängerinstrument* geeignet.

Aufgrund der vielseitigen Klangqualitäten findet es in den meisten Musikstilen solistisch sowie als Satzinstrument Verwendung.

Berühmte Interpreten: *Charlie Parker, Johnny Hodges, Cannonball Adderley, Ornette Coleman, David Sanborn, Paul Desmond, Eric Marienthal, Marcele Mule, Sigurd M. Rascher.*

Das B Tenor Saxophon

Das Tenor Saxophon ist wie das Sopran Sax in **B** gestimmt und wird im *Violinschlüssel neun Töne (große None)* höher notiert, als es klingt. Es ist größer als das Alt Saxophon (Länge: *ca. 131 cm*), besteht ebenfalls aus *drei Teilen* und der S-Bogen hat eine geschwungene Form. Aufgrund seiner Größe ist es als *Anfängerinstrument* nur bedingt zu empfehlen. Bei ausreichender körperlicher Entwicklung spricht aber nichts dagegen, direkt mit dem Tenor zu beginnen.

Das Tenor Saxophon ist das bevorzugte Instrument von zahllosen Bands verschiedenster Stile, die mit nur einem Bläser arbeiten. Darüber hinaus ist es in fast jedem zwei- bis fünfstimmigen Bläsersatz vertreten.

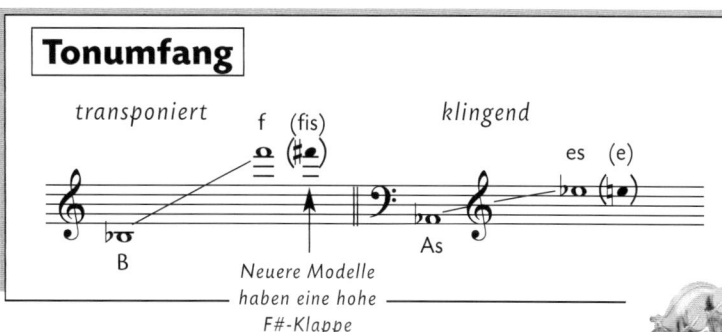

Berühmte Interpreten: *John Coltrane, Coleman Hawkins, Lester Young, Ben Webster, Sonny Rollins, Michael Brecker.*

Das Es Bariton Saxophon

Das Bariton ist in **Es** gestimmt und wird *dreizehn Töne (große Tredezime = 1 Oktave + 1 große Sexte)* höher notiert, als es klingt. Die Notation erfolgt im *Violinschlüssel*.

Seine beträchtliche Länge beträgt *ca. 214 cm*. Der S-Bogen ist zweifach abgewinkelt, um das Bariton überhaupt noch spielbar zu halten. Es ist im Vergleich zu den drei höheren Saxophonen etwas weniger flexibel

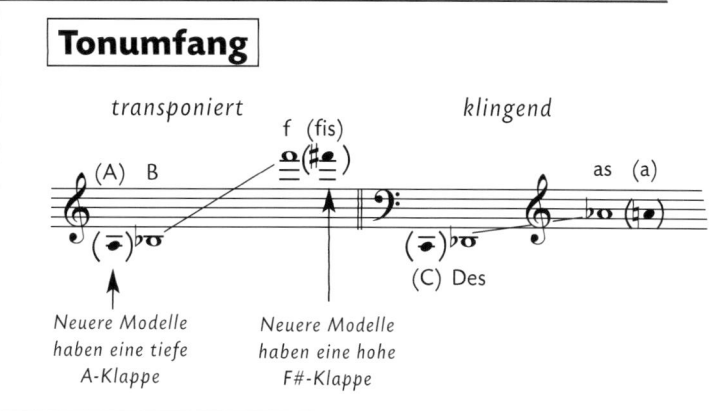

und beweglich, hat aber dennoch - neben seiner Verwendung in mehrstimmigen Bläsersätzen - auch als Soloinstrument durchaus Potentiale. Als *Anfängerinstrument* ist es wie auch das Bass Saxophon aufgrund seiner Größe und des großen Gewichtes ungeeignet.

Berühmte Interpreten: *Gerry Mulligan, Serge Chaloff, John Surman, Stephan „Doc." Kupka."*

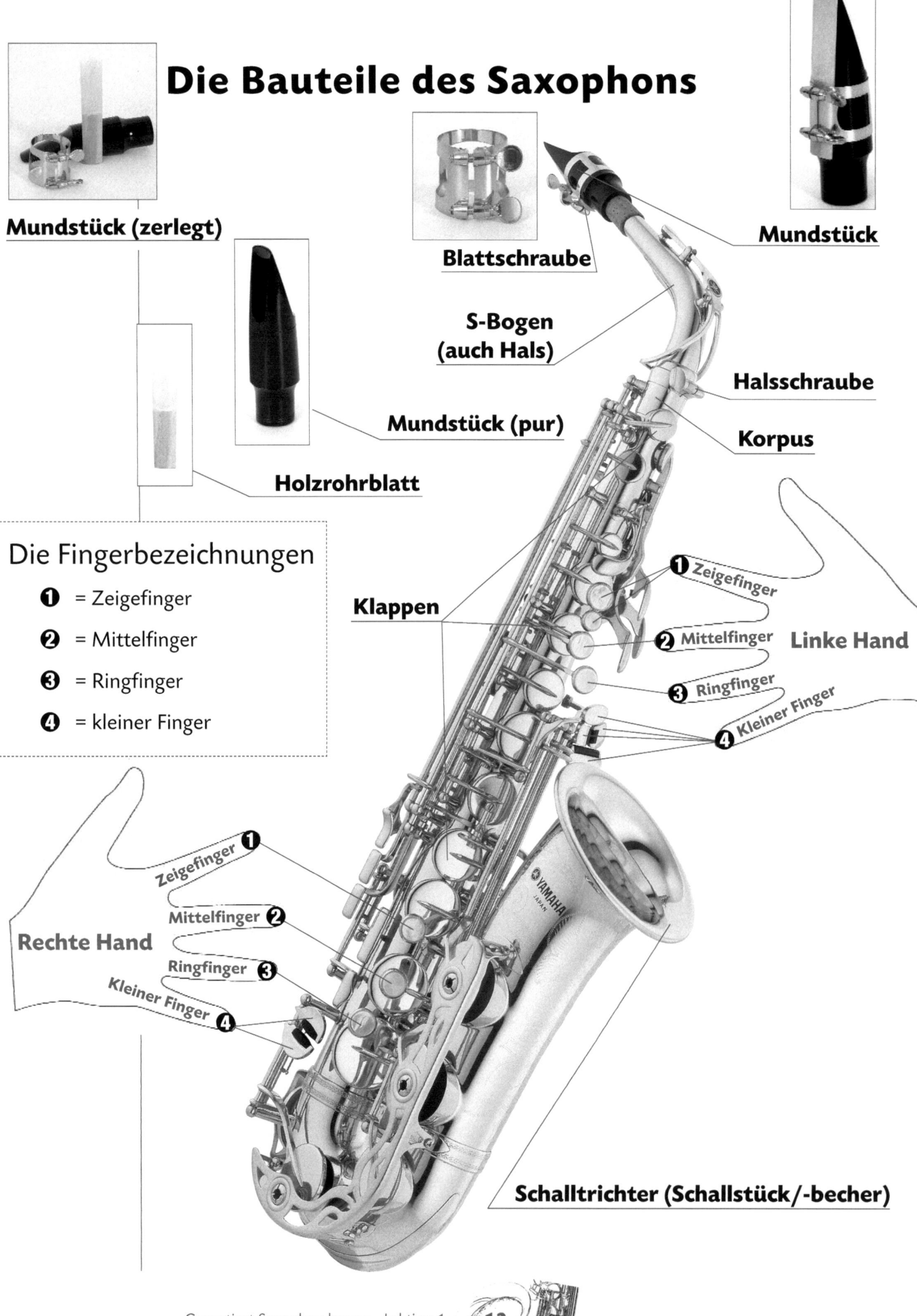

Empfehlenswertes Zubehör

Oft fehlen bei neu gekauften Saxophonen einige sehr nützliche Details. Hier eine Liste von wichtigen oder hilfreichen Zubehörartikeln.

Blatthalter, in dem die gebrauchten Blätter nach dem Spielen auf einer planen Fläche austrocknen können und vor Beschädigungen geschützt sind.

Bissplatte zum Aufkleben auf das Mundstück. Die Zähne haben so mehr Halt und das Mundstück ist vor mechanischer Abnutzung sicher.

Durchziehwischer / Baumwolltuch zum Säubern und Trocknen für Korpus (*Foto links*) und S-Bogen (*Foto rechts*). Vergleiche auch S. 18!

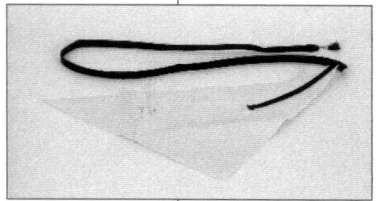

Korkfett zum Einfetten der Korkflächen an den Verbindungsstücken.

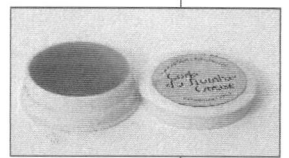

Notenständer, der in der Höhe verstellbar ist.

Saxophongurt oder Schultergurt, möglichst gepolstert und mit Karabinerhaken. Bei Rückenbeschwerden sei ein *Schultergurt* empfohlen.

Saxophonstativ, um das Saxophon in einer Übungspause gefahrlos abzustellen.

Pad Saver, eine längliche Wollbürste, die für die Dauer der Aufbewahrung im Koffer in die Korpusröhre gelegt wird. Achtung: Vorher den Herzschoner (Transportsicherung bzw. Schutzkappe) vom Korpushals abnehmen. Der Pad Saver ist allerdings kein Ersatz für den Durchziehwischer, da sonst die Feuchtigkeit im Instrument verbleiben würde.

Startvorbereitungen

Das Saxophon besteht im wesentlichen aus *drei Teilen*: dem *Korpus*, dem *S-Bogen* und dem *Mundstück*. Vor jedem Spielen müssen diese Teile zusammengebaut werden. Gerade am Anfang besteht die Gefahr, dass durch unsachgemäßen Umgang Schäden am Instrument entstehen. Um dies zu verhindern, schlage ich vor, den Auf- und Abbau in folgender Reihenfolge vorzunehmen:

1. Das Mundstück

Bahnöffnung: Abstand zwischen Mundstückspitze und Blattspitze, *Bahnöffnungen* zwischen „4" und „5" sind auch für Anfänger geeignet.

Für Anfänger sollte das *Mundstück* keine zu große Bahnöffnung haben.

Schritt 1: Befeuchte das Saxophonblatt vor dem Spielen.
Dazu nimmst du das dünne Ende für ca. 20 Sekunden in den Mund. *Vorsicht*, damit die Spitze des Blattes dabei nicht an den Zähnen oder der Lippe hängen bleibt. Blätter, die einreißen, sind nicht mehr spielbar. Trockene Blätter dagegen produzieren meist unangenehme Zwischentöne und Kickser.

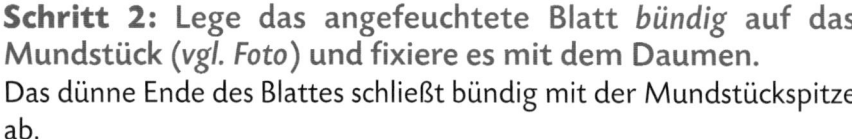
Blatt bündig auflegen

Schritt 2: Lege das angefeuchtete Blatt *bündig* auf das Mundstück (*vgl. Foto*) und fixiere es mit dem Daumen.
Das dünne Ende des Blattes schließt bündig mit der Mundstückspitze ab.

Schritt 3: Lege nun die Blattschraube an.
Achte darauf, dass der vordere Teil des Blattes nicht beschädigt wird. Die *Ballschraube* ist meist so geformt, dass sie nur in einer Position passt (*konische Form*). Schiebe sie soweit auf das Mundstück, dass der schwingende Teil des Blattes nicht bedeckt wird.

Blattschraube anlegen

Schritt 4: Bevor du die Schrauben anziehst, muss das Blatt so justiert werden, dass es *bündig* abschließt und nicht an einer Seite übersteht.
Achtung: Bitte nicht auf die Spitze des Blattes drücken, sondern lieber das stabile Ende oder die Seiten des Blattes benutzen. Nun können die Schrauben festgezogen werden. Dabei sollte das Blatt gut fixiert sein, ohne wie in einem Schraubstock eingeklemmt zu sein, da der Ton sich sonst nicht voll entfalten kann.

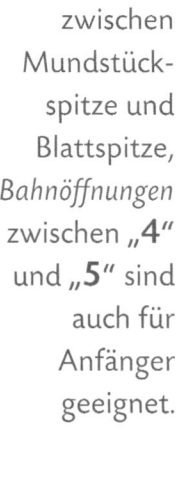
Schutzkappe aufsetzen

Schritt 5: Setze zum Schutz des Blattes nun die Schutzkappe auf (*vgl. Foto*).

Mundstück montiert

2. Der S-Bogen

Schritt 6: Schiebe nun das Mundstück mit leicht drehenden Bewegungen auf den Kork. Die Blattseite zeigt nach unten (*vgl. Foto*).
Gerade bei neuen Instrumenten ist es ratsam, den *Kork* vorher *einzufetten*. Dies sollte in regelmäßigen Abständen (etwa ein Mal im Monat) wiederholt werden, damit der Kork geschmeidig bleibt und nicht einreißt.

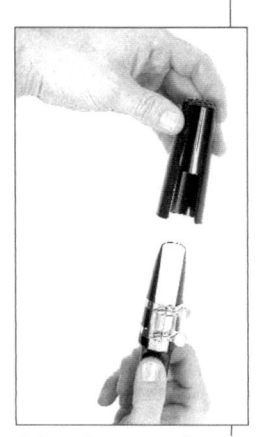
oben: *S-Bogen Tenor Saxophon*
unten: *S-Bogen Alt Saxophon*

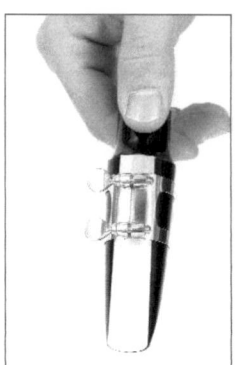
Die Blattseite zeigt nach unten

Garantiert Saxophon lernen - Lektion 1

3. Der Korpus

Schritt 7: Fasse dein Saxophon immer am Schalltrichter an. Der Schalltrichter eignet sich am besten, um den Korpus aus dem Saxophonkoffer zu heben (*vgl. Foto*).

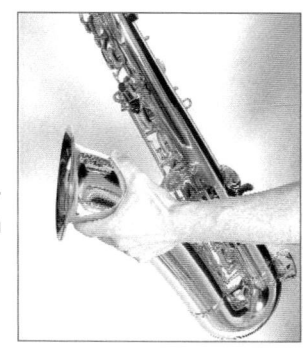
Immer am Trichter anfassen!

Schritt 8: Löse die obere Schraube, entferne den Herzschoner (*vgl. Fotos*) und lege ihn zurück in den Koffer.

Schritt 9: Stecke nun den S-Bogen inklusive aufgestecktem Mundstück mit Drehbewegungen auf den Korpus, möglichst ohne zu verkanten.
Auch hier kann *Korkfett* zum Einsatz kommen.

Herzschoner

Schritt 10: Lege den Tragegurt um den Hals, sodass der Haken auf der Brust liegt. Nun befestige ihn am Haltering auf der Rückseite des Instruments.

Richte ihn in der Höhe so ein, dass das Mundstück direkt vor deinem Mund platziert ist, ohne dich nach oben strecken oder nach unten beugen zu müssen. *Grundsätzlich muss sich das Instrument immer dem Spieler anpassen. Nie umgekehrt!*

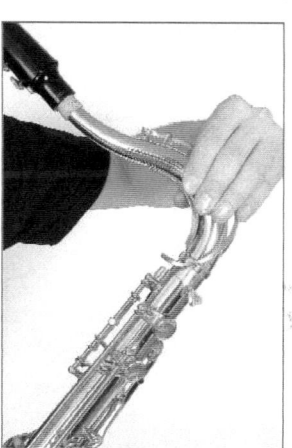

Das Saxophon ist nun spielbereit!

Das Blatt

Hier noch ein paar Anmerkungen zur Auswahl der Blätter.

Am Anfang ist je nach Alter eine *Blattstärke* von „1" bis „2" empfehlenswert (*je höher die Nummer, desto dicker die Blattstärke*).

Die meisten erfahrenen Saxophonisten verwenden Blätter der Stärke „2" bis „3". Da Saxophonblätter ein Naturprodukt sind, gibt es sowohl zwischen den verschiedenen Herstellern als auch bei Produkten aus dem gleichen Haus gewisse Schwankungen. Nach einer gewissen Zeit des Übens kräftigen sich die beteiligten Muskelpartien und man kann auf härtere Blätter wechseln. Sie können einen kräftigeren und lauteren Ton erzeugen, erfordern aber mehr Kraft. Leichtere Blätter sind besonders gut geeignet für das extrem leise Spiel. Hier gilt es durch Ausprobieren einen guten Kompromiss zu finden. Nach dem Üben gehört das Blatt in den *Blatthalter*, damit es geschützt ist.

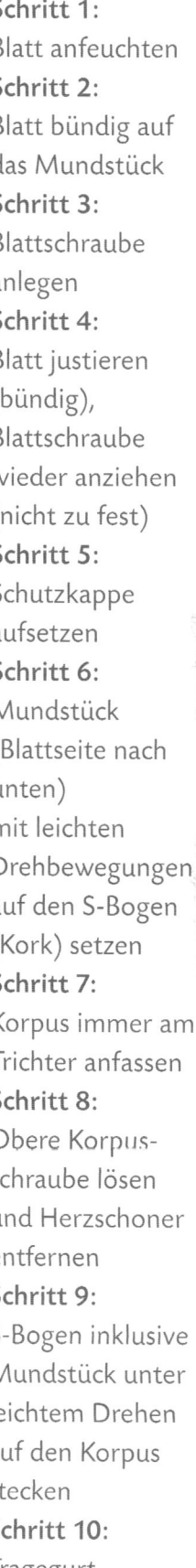

Schritt 1: Blatt anfeuchten
Schritt 2: Blatt bündig auf das Mundstück
Schritt 3: Blattschraube anlegen
Schritt 4: Blatt justieren (bündig), Blattschraube wieder anziehen (nicht zu fest)
Schritt 5: Schutzkappe aufsetzen
Schritt 6: Mundstück (Blattseite nach unten) mit leichten Drehbewegungen auf den S-Bogen (Kork) setzen
Schritt 7: Korpus immer am Trichter anfassen
Schritt 8: Obere Korpusschraube lösen und Herzschoner entfernen
Schritt 9: S-Bogen inklusive Mundstück unter leichtem Drehen auf den Korpus stecken
Schritt 10: Tragegurt befestigen und ausrichten

Einstellung des Saxophons auf die individuelle Körpergröße

Grundsätzlich muss sich das Instrument immer dem Spieler anpassen. Nie umgekehrt!

Schritt 1: Stelle dich entspannt, aber aufrecht hin.

Schritt 2: Setze dein linkes Bein ein Stück vor dein rechtes. So vermeidest du, deine Standfestigkeit bei Gewichtsverlagerung zu verlieren.

Schritt 3: Stütze das Saxophon entweder auf deiner rechten Hosentasche auf oder halte es rechts vom Körper.

Schritt 4: Der *linke Daumen* wird auf den Punkt *unter der Oktavklappe* gelegt.

Schritt 5: Der *rechte Daumen unter den Daumenhalter*.

Schritt 6: Stelle den *Haltegurt* in der Höhe so ein, dass das Mundstück direkt *vor dem Mund* platziert ist.

linker Daumen

Schritt 7: Das Gewicht wird vom Nacken getragen und *nicht* vom rechten Daumen. Solltest du das Gefühl haben, du musst dein Saxophon mit dem Daumen nach oben drücken, stelle den Haltegurt lieber kürzer ein. Beide Daumen führen das Instrument vor den Körper.

Schritt 8: Nun kannst du den S-Bogen so schwenken, dass das Mundstück direkt vor dem Mund sitzt. Nach dem Entfernen der Schutzkappe ist Vorsicht geboten, da das Blatt jetzt ungeschützt ist. Nun wird die Schraube angezogen, sodass der S-Bogen fest sitzt.

rechter Daumen

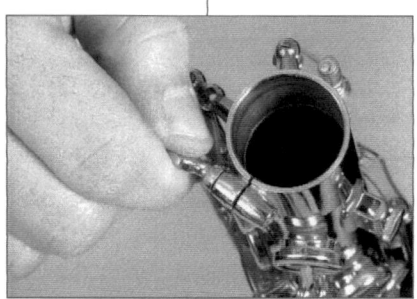
S-Bogenschraube lösen

S-Bogen schwenken

Mundstück vor dem Mund

Die Handhaltung

Der Saxophonist benutzt die *linke Hand* für die oberen Klappen und die *rechte Hand* für die unteren Klappen (*vgl. S. 12*). Diese Grundstellung wird immer beibehalten. Die Finger bleiben in entspannter Haltung leicht nach innen gekrümmt, auch wenn keine Klappen gedrückt werden. Nur der Daumen ist nahezu gestreckt. Diese entspannte Handhaltung ist ganz wichtig, um deine Muskeln nicht überzustrapazieren. Verkrampfte Handhaltungen führen nicht nur zu ungeschmeidigem Spiel, sondern können im Extremfall auch zu Muskel- und Sehnenverletzungen führen, die langwierig und schmerzhaft sein können (z.B. Sehnenscheidenentzündung, Tennisarm u.ä.).

Am besten immer im Stehen üben. So kann dein Atem am besten fließen. Im Sitzen nur in aufrechter Haltung und mit seitlich am rechten Oberschenkel angelehntem Saxophon.

Die Fingerpositionen

Die linke Hand - obere Klappen

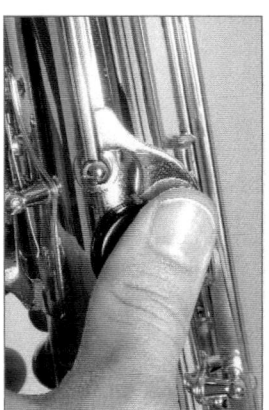

In der Grundstellung ist die *linke Hand* zuständig für die oberen Klappen. Der *linke Daumen* bedient mit seinem vordersten Glied die Oktavklappe (*vgl. S. 46*). Der *linke Zeigefinger* ❶ ist für die obere(n), der *Mittelfinger* ❷ für die mittlere und der *Ringfinger* ❸ für die untere Klappentaste zuständig. Der *kleine Finger* ❹ bedient die links unterhalb der Ringfingerklappe liegende, in mehrere Teile aufgeteilte Klappe.
Werden die Finger nicht benötigt, schweben sie etwa ein bis zwei Zentimeter über ihren Klappentasten.

Die rechte Hand - untere Klappen

Die *rechte Hand* ist zuständig für die unteren Klappen. Der *rechte Daumen* liegt unter dem Daumenhalter. Seine Aufgabe ist aber nicht, das gesamte Gewicht des Saxophons zu tragen. Das übernimmt der Tragegurt. Der Daumen soll nur die Spielhaltung stabilisieren.
Auch hier bedient der *Zeigefinger* ❶ die obere, der *Mittelfinger* ❷ die mittlere und der *Ringfinger* ❸ die untere Klappe. Der *kleine Finger* ❹ ist zuständig für die rechts unterhalb der Ringfingerklappe liegende, in einen oberen und einen unteren Halbkreis aufgeteilte Klappe.

Auch hier schweben die Finger etwa ein bis zwei Zentimeter über ihren Klappentasten, solange sie nicht in Aktion treten. Um die Klappen zu schließen, sollten die Fingerkuppen in die Mulde der jeweiligen Perlmuttknöpfe greifen und nicht über sie hinausragen.

Haltung bewahren - Position einnehmen

Die Pflege des Saxophons

Das Saxophon ist beim Spielen ständig der Feuchtigkeit deiner Atemluft ausgesetzt. Die dabei entstehende Kondensation schlägt sich an der Innenwand und den Polstern nieder. Um diesen Verschleiß so gering wie möglich zu halten, werden Korpus, S-Bogen und Mundstück nach *jedem* Spielen gereinigt. Nach längerer Übezeit kann auch Kondenswasser und Speichel über die Tonlöcher nach außen gelangen. Zum Entfernen der Feuchtigkeit benutzt man spezielle *Durchziehwischer (vgl. S. 13)*.

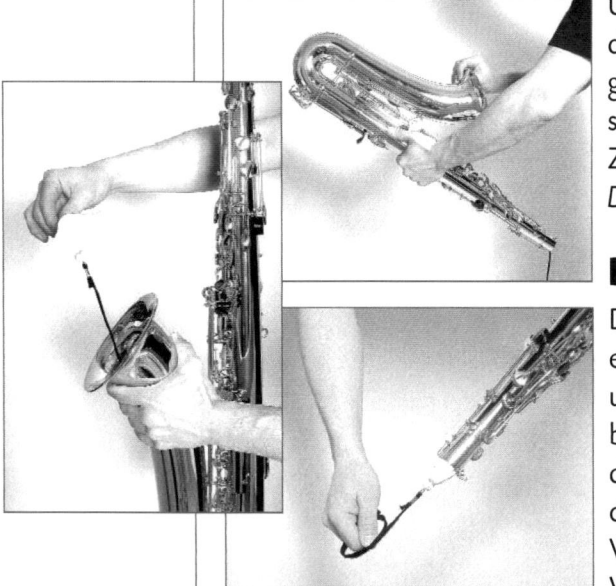

Der Korpus

Der *Korpus* wird mit dem *größeren* der beiden Wischer gereinigt. Dafür fasst du dein Saxophon am Schallbecher an und lässt die Schnur mit dem Bleigewicht in den Schallbecher gleiten. Platziere das Ledertuch mit der Bürste so, dass es nicht verkantet. Drehe jetzt den Korpus und nimm die Schnur mit dem Bleigewicht in die freie Hand, um den Wischer durch den Korpus zu ziehen. Wiederhole diesen Vorgang je nach Feuchtigkeitsgrad mehrere Male.

Der S-Bogen

Auch der *S-Bogen* wird auf diese Art gereinigt. Hierzu verwendest du den *kleineren* der beiden Durchziehwischer (*Achtung*: Nicht verwechseln!). Halte den S-Bogen so, dass du die darauf angebrachte Oktavmechanik nicht verbiegst.

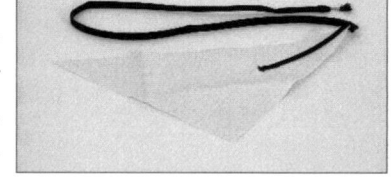

Das Mundstück

Das *Mundstück* kannst du entweder mit dem kleinen Wischer oder auch mit einem normalen Baumwolltaschentuch reinigen. Eingetrocknete Ablagerungen am Mundstück lassen sich meist mit ein wenig warmem Wasser und einer Zahnbürste entfernen. Bei sehr starker Verschmutzung oder Kalkablagerungen wirken Gebissreiniger oder Essigwasser wahre Wunder. Vom Auskochen eines Kautschuk-Mundstücks aber sei ausdrücklich abgeraten. Im Extremfall kann das zur totalen Zerstörung führen, da Kautschuk sich bei zu großer Hitze zersetzen kann.

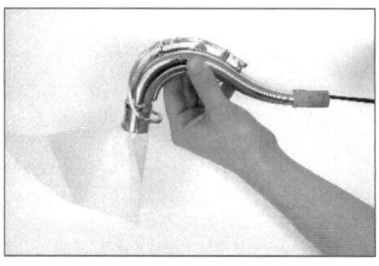
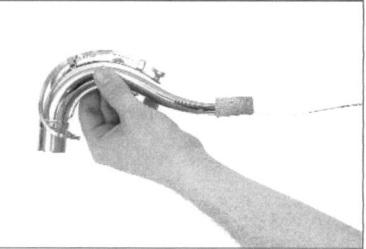

Die Außenhaut

Die *Außenhaut* des Saxophons sollte - wenn überhaupt - nur mit einem trockenen Baumwolltuch abgewischt werden. *Aber Vorsicht*: Zu starker Druck kann die Klappenmechaniken beschädigen. Auch Wattestäbchen oder ähnliches für die Flächen zwischen den Klappen und der Mechanik kann ich nicht empfehlen. So sehr der Wunsch nach einem blitzeblanken Saxophon auch verständlich ist. Übertreibe die Reinigung der Außenhaut nicht! Selbst wenn der Klar- oder Goldlack (versilberte Saxophone sind aus Kostengründen nur noch selten zu finden) sich mit der Zeit abnutzt, so bleibt dein Saxophon dennoch voll funktionsfähig.

Die Wartung des Saxophons

Die Klappenpolster

Die *Polster* unter den Klappen werden mit der Zeit spröde und nutzen sich ab. Irgendwann dichten sie die Tonlöcher nicht mehr vollständig ab und müssen ausgetauscht werden. Dies sollte unbedingt in einer Fachwerkstatt geschehen, da die vorzunehmenden Feinjustierungen der Mechanik viel Erfahrung und Fingerspitzengefühl erfordern.

Um die Lebensdauer der Polster möglichst zu verlängern, solltest du während oder kurz vor dem Üben keine zuckerhaltigen Getränke bzw. Süßigkeiten zu dir nehmen. Die Zuckerreste schlagen sich sonst auf den Polstern nieder und verkleben sie. Müssen alle Polster und Federn ausgetauscht werden, spricht man von einer Generalüberholung. Danach sind alle Verschleißteile wieder wie neu. Dies ist je nach Beanspruchung etwa alle vier bis sieben Jahre notwendig. Im Zweifelsfall solltest du hier eine Fachwerkstatt aufsuchen und den Zustand deines Saxophons begutachten lassen.

Keine zuckerhaltigen Getränke oder Süßigkeiten vor und während des Übens!

Die tägliche Pflege

Die folgenden Schritte sollen die einzelnen Phasen der täglichen Pflege noch einmal zusammenfassen:

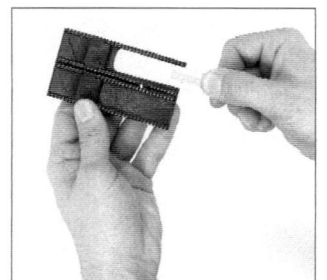

Schritt 1: Nach dem Spielen nimmst du das Blatt vom Mundstück ab und legst es in einen Blatthalter. Dort kann es richtig trocknen, es hält länger und das spart Geld.

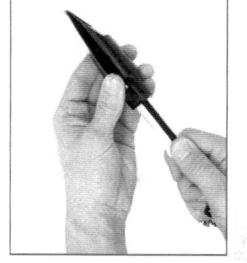

Schritt 2: Reinige das Innere des Mundstücks mit einem weichen Tuch oder mit dem S-Bogenwischer (*vgl. Foto rechts*).

Schritt 3: Wische das Innere des Korpus mit einem Durchziehwischer aus. Das erhöht die Lebensdauer der Mechaniken und der Klappenpolster.

Schritt 4: Wenn du möchtest, dass die Klappen immer glänzen, solltest du sie mit einem weichen Tuch abreiben. *Aber Vorsicht*: Zu starker Druck kann die Klappenmechaniken beschädigen.

Schritt 5: Lege dein Saxophon immer mit den Klappen nach oben in den Saxophonkoffer. Vergiss nicht, vorher den Herzschoner wieder aufzusetzen.

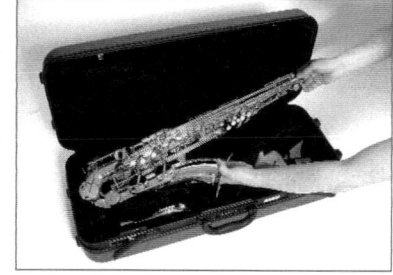

Bewahre nur Dinge in deinem Koffer auf, die hineinpassen. Wenn du Noten und/oder andere Dinge hineinquetschst, kann das Instrument beschädigt werden.

Regelmäßige Pflege deines Saxophons erhöht seine Lebensdauer und spart Geld. Rohrblätter und Klappenpolster sind empfindliche Bauteile, die schonend behandelt werden sollten. Fasse das Saxophon immer am Schallbecher an, um die Klappen nicht zu beschädigen.

Das Stimmen

Dein Saxophon lässt sich auch stimmen. Das ist besonders dann nötig, wenn du mit anderen Musikern zusammenspielen möchtest, sei es in einer Band, einem Ensemble oder aber zu den Aufnahmen der beiliegenden CD.

Höre dir den Stimmton auf der CD an. Greife dann auf dem Alt oder dem Tenor Saxophon den Ton „H" und blase ihn an (*s.u.*). Vergleiche ihn mit dem Stimmton auf der CD (Alt Sax: klingend „D", Tenor Sax: klingend „A", *vgl. S. 9*).

Klingt der Saxophonton zu hoch, kannst du das Mundstück durch leichtes Drehen so weit auf dem Kork des Saxophonhalses (S-Bogen) herausziehen, bis beide Töne übereinstimmen.

Hast du das Mundstück zu weit herausgezogen, klingt der Ton zu tief. Durch leichtes Drehen des Mundstücks schiebst du es jetzt wieder soweit auf dem Kork des Saxophonhalses (S-Bogen) herein, bis beide Töne übereinstimmen.

Der Ton „H"

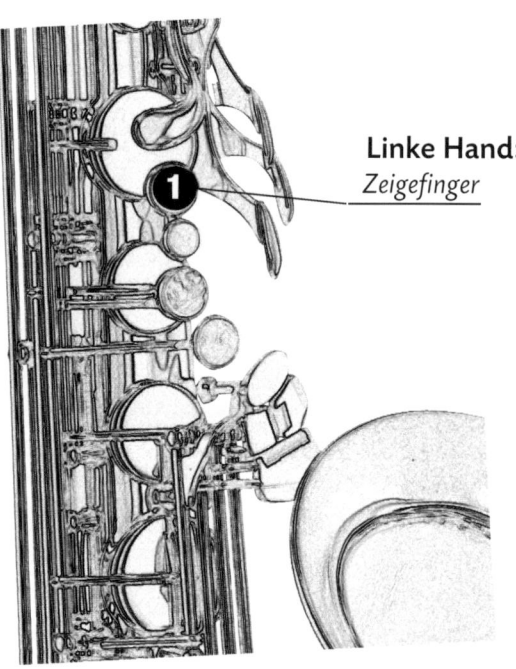

Linke Hand: *Zeigefinger*

→ **Ton wird höher**

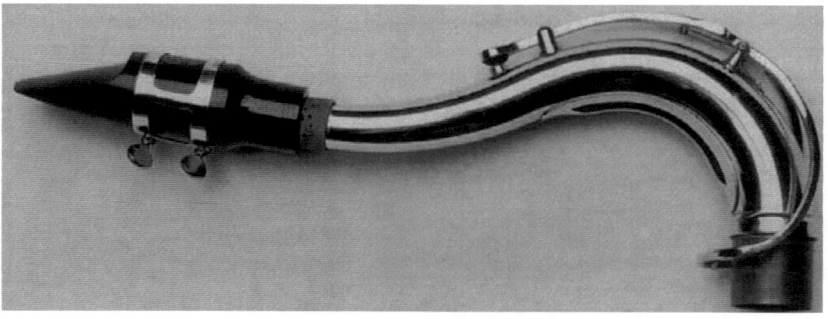

← **Ton wird tiefer**

Dieses CD-Symbol zeigt an, welche Übung auf der CD zu hören ist. Die Zahl gibt die Anwählnummer auf der CD an.

Lektion 2

Das lernst du:

Grundbegriffe
Der Ansatz
Atmung
Der erste Ton
Das Notensystem
Ganze Note
Halbe Note
Atemzeichen
Wiederholungszeichen :|
Legatobogen

Die Töne der linken Hand
G, A, H, C

Repertoire
Etüden
Playbacks

Der erste Ton

Der Ansatz

Der Begriff „Ansatz" bezeichnet die Mundhaltung beim Spielen. Ein guter Ansatz ist wichtig, um von Anfang an, einen schönen Ton zu bilden. Fehler, die man sich erst einmal angewöhnt hat, sind schwer wieder abzugewöhnen.

Wie bei allen Blasinstrumenten ist auch beim Saxophon ein guter Ansatz die Grundlage für einen soliden Ton. Mehr noch als z.B. bei einem Keyboard oder Piano ist die Tonbildung bei Blasinstrumenten zu einem wesentlichen Anteil vom Spieler abhängig. Ein geübter Saxophonist wird auf einem mäßigen Instrument immer noch besser klingen, als ein Anfänger auf einem Spitzeninstrument.

Da Fehler, die man sich in der Anfangsphase mit einübt, sehr hartnäckig sind und nur mit Mühe wieder korrigiert werden können, sollte man der Tonbildung am Anfang die größte Aufmerksamkeit widmen.

Um einen Ton gleich von Anfang an richtig zu erzeugen, habe ich eine **Checkliste** erstellt, die du am Anfang immer wieder bewusst und aufmerksam durchgehen solltest, sodass dieser Vorgang quasi in „Fleisch und Blut" übergeht. Nach einer gewissen Zeit läuft dann alles fast automatisch ab.

Checkliste

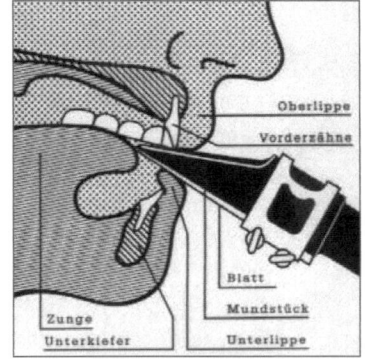

Schritt 1:
Setze die oberen *Schneidezähne* **ca. 2 cm** vom Mundstückrand auf. Ein leichter Druck vom *linken Daumen* hilft diese Position zu fixieren.

Schritt 2:
Stülpe die *Unterlippe* leicht über die unteren Schneidezähne. Stelle dir den Buchstaben **„Ö"** vor, wenn du das Mundstück mit den Lippen umschließt.

Schritt 3:
Hole Luft wie im Kapitel *Atmung* (vgl. S. 23) beschrieben.

Schritt 4:
Die *Zungenspitze* berührt das Blatt und die Mundstückspitze und verhindert das Durchfließen der Luft.

Schritt 5:
Stelle dir vor, du sprichst ein *stummes* **„Döö"**. Dabei wird die Zunge nach hinten weggezogen und der Luftstrom kann das Blatt in Schwingung versetzen.

Schritt 6:
Halte diesen Ton, bis die Luftreserven fast erschöpft sind. Danach geht die *Zunge* wieder an die Mundstückspitze und beendet den Ton. Wiederhole diesen Vorgang mehrere Male.

Während des Übens bitte nicht mit dem Saxophon durch die Gegend laufen. Wenn du irgendwo aneckst, kann es beschädigt werden. Stell es immer in dein Stativ.

Die Atmung

Die Atmung beim Saxophonspiel unterscheidet sich grundsätzlich von der im normalen Alltag, wo sich Ein- und Ausatmen die Waage halten. Beim Spiel eines Blasinstrumentes wird ca. 98% der Zeit für das Ausatmen und nur ca. 2% für das Einatmen verwendet. Geatmet wird ausschließlich durch den Mund. Da das Einatmen den Melodiefluss kurz unterbricht, sollte diese Unterbrechung so kurz wie möglich sein. Das schnelle Betanken der Lunge mit Luft durch die Nase würde die Nasenflügel sofort zusammenziehen. Achte darauf, dass beim Atmen die oberen Schneidezähne auf dem Mundstück verbleiben!

Atemübung

Stelle dich vor einen Spiegel. Lege deine Hand auf den Bauch. Nun versuchst du, beim *Einatmen* die Hand nach vorne wegzudrücken. Du solltest die Bewegung der Bauchdecke deutlich spüren. Der Zwerchfellmuskel drückt die darunter liegenden Organe in den unteren Bauchraum, Achte darauf, dass die Schultern nicht nach oben hochgezogen werden und der Brustkorb sich nicht aufwölbt.

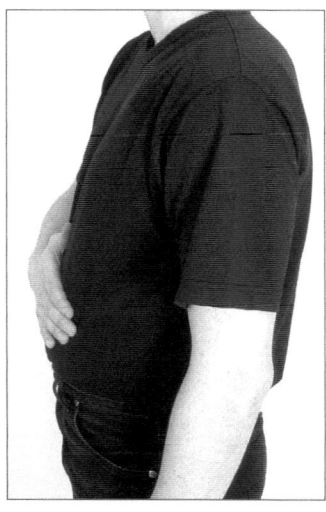 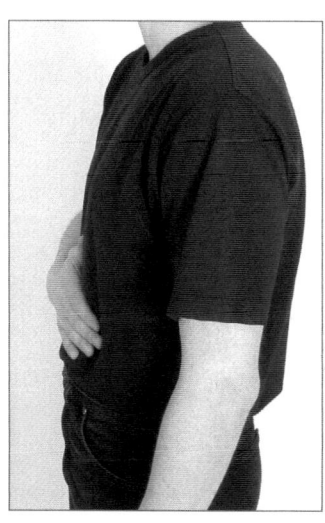

Einatmen = Bauch raus

Ausatmen = Bauch rein

Atme immer durch den Mund.
Die oberen Schneidezähne bleiben dabei immer auf dem Mundstück.

Beim *Ausatmen* drücken Zwerchfell und Bauchmuskulatur die Luft nach oben. Man kann sich diesen Vorgang ähnlich wie bei einem Blasebalg vorstellen. Beim Husten benutzt du diese Muskeln ganz automatisch. Sie bilden so etwas wie den „Motor" unseres Saxophontones. Je stärker der Druck, desto mehr Luft fließt und desto lauter wird der Ton.

Diese Zwerchfell- bzw. Bauchatmung ist nicht nur gesünder, sondern auch ökonomischer als die flachere Brustatmung. Es wird tiefer und intensiver geatmet und mehr Sauerstoff transportiert.

Tipp:

- Lege deine Hände auf den Bauch.
- Atme kurz durch den Mund ein.
- Sprich ein langes „f" und lass die Luft langsam und gleichmäßig entweichen. So spürst du dein Zwerchfell.
- Atme immer durch den Mund! Nie durch die Nase!
- Die Schultern nicht bewegen (z.B. hochziehen)!
- Die oberen Schneidezähne verbleiben beim Atmen auf dem Mundstück!

Keine Not mit Noten - Das Notensystem

Noten werden auf *fünf Notenlinien* und in *vier Zwischenräume* geschrieben. Man spricht vom sogenannten *Notensystem*.

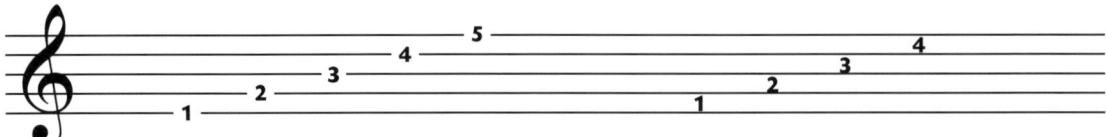

Der Violinschlüssel

Das Saxophon wird im Violinschlüssel notiert (*vgl. S. 10-11*). Der Violinschlüssel wird auch G-Schlüssel genannt, weil er die Position des Tons **G** angibt, nämlich auf der zweiten Linie von unten, dort, wo der Violinschlüssel ansetzt.

Das Notenalphabet

Die Töne *auf den Notenlinien* ergeben den Spruch:
Ein
Gutes
Holzblatt,
Das
Fetzt.

Das Notenalphabet besteht nur aus den Buchstaben A bis G*. Mit ihrer Hilfe werden die Noten im Notensystem in der Reihenfolge Linie - Zwischenraum - Linie - Zwischenraum (A, B*, C, D , E, F, G, A, B* etc.) benannt.

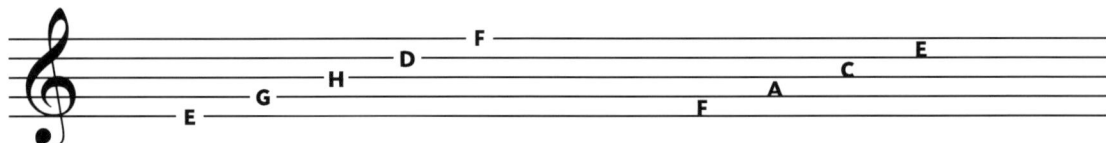

Je höher der Ton klingt, desto höher im Notenbild. Je tiefer der Ton, desto tiefer im Notenbild.

Taktstrich, Takt und Taktart

Die Töne *in den Zwischenräumen* ergeben das englische Wort:
FACE.

Der *Taktstrich* unterteilt das Notensystem in einzelne Abschnitte. Der *Doppelstrich* am Ende einer Notenzeile zeigt das Ende eines musikalischen Abschnitts an. Der *Takt* bezeichnet den Abstand *zwischen* zwei Taktstrichen. Er teilt die Notenzeile in *einzelne Abschnitte* auf.

| Takt 1 | Takt 2 | Takt 3 | Takt 4 |

* Im deutschen Sprachgebrauch wird „B" als „H" und „Bb" als „B" bezeichnet. In diesem Buch verwenden wir diese deutschen Bezeichnungen „H" und „B".

 Jeder Takt enthält eine bestimmte Anzahl von *Zählzeiten* (*Schlägen*), die rechts neben dem Violinschlüssel als *Taktart* angezeigt wird. Sie ist wie ein *Bruch* aufgebaut:

4 Der *Zähler* gibt Auskunft darüber, wie viele Schläge in einem Takt enthalten sind.

4 Der *Nenner* gibt an, wie lang dieser Schlag dauern soll, also welcher Notenwert dem einzelnen Schlag zugrundeliegt.

Zu den *geraden* Taktarten zählen:

$\frac{2}{4}$ = 2 Schläge = Viertelnote $\frac{4}{4}$ = 4 Schläge = Viertelnote

Zu den *ungeraden* Taktarten zählen:

$\frac{3}{4}$ = 3 Schläge = Viertelnote $\frac{6}{8}$ = 6 Schläge = Achtelnote

Garantiert Saxophon lernen - Lektion 2

Die ersten beiden Töne „a" und „g"

Tonübung 1

Unsere erste Tonübung hat kein konkretes Tempo.

Greife zunächst den angegebenen Ton „a" mit *Zeige-* ❶ und *Mittelfinger* ❷ der linken Hand und spiele ihn wie in unserer Checkliste ausgeführt. Wenn der Luftvorrat verbraucht ist, holst du so schnell wie möglich Luft und spielst erneut den Ton „a". Wiederhole das *mindestens* drei Mal.

Greife dann den angegebenen Ton „g" mit *Zeige-* ❶ , *Mittel-* ❷ und *Ringfinger* ❸ der linken Hand und übe wie für den Ton „a" ausgeführt.

Immer dran denken!

1. Obere *Schneidezähne* aufsetzen.
2. *Unterlippe* leicht über die unteren Schneidezähne. Buchstaben „Ö" vorstellen.
3. Luft holen wie im Kapitel *Atmung* (vgl. S.23) beschrieben.
4. *Zungenspitze* berührt das Blatt und die Mundstückspitze.
5. *Stummes* „**Döö**".
6. Ton halten, bis Luftreserven fast erschöpft sind. Danach mit der *Zunge* wieder an die Mundstückspitze stoßen und den Ton beenden.

Der Ton „a"

Linke Hand:
Zeigefinger
Mittelfinger

Der Zeigefinger ❶ drückt die h-Klappe
Der Mittelfinger ❷ drückt die a-Klappe

Der Ton „g"

Linke Hand:
Zeigefinger
Mittelfinger
Ringfinger

Der Ringfinger ❸ drückt zusätzlich die g-Klappe

ATEMZEICHEN V ʼ

Es gibt zwei Arten von Zeichen, die beide den Zeitpunkt zum Luft holen anzeigen.
Wir benutzen in dieser Methode ausschließlich V.

EbSAX 2   BbSAX 46

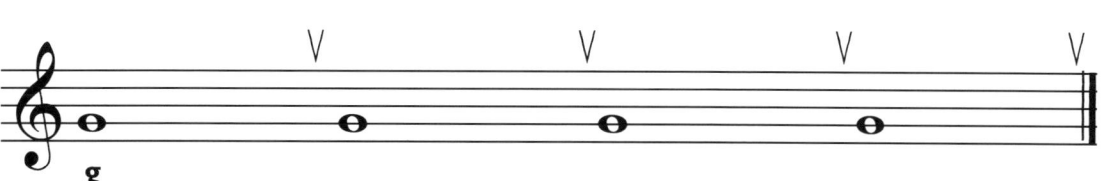

Die ersten beiden Töne

Tonübung 2

Jetzt versuchst du, den Luftvorrat gleichmäßig auf jeweils *vier Noten* zu verteilen. Atme erst am Ende jeder Zeile. Vermeide es, den Luftstrom beim Zungenstoß zu unterbrechen, sodass die Töne möglichst dicht aufeinander folgen. Die Zunge sollte sich dabei möglichst wenig bewegen und das Blatt nur kurz berühren. Denke dir dabei ein *stummes* **„dö"**.

Eb SAX 2 / Bb SAX 46

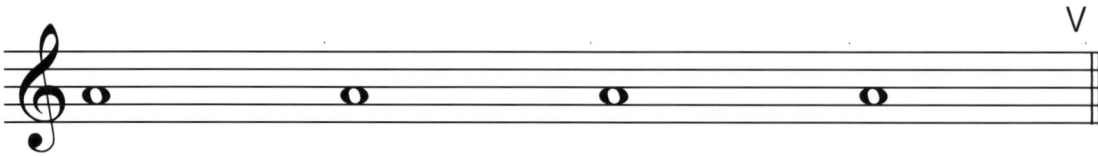

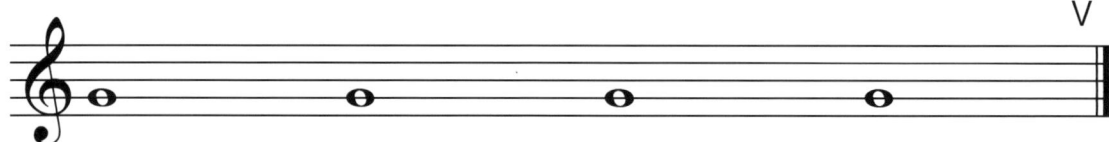

Achte darauf, dass deine Fingerkuppen die Perlmuttfläche der Klappen mittig runterdrücken. Beim Zungenstoß keine Bewegung des Unterkiefers!

o Die Ganze Note   ▬ Die Ganze Pause

Der $^4/_4$-Takt enthält *vier Schläge* (Zählzeiten) pro Takt (*vgl. S. 24*). Hältst du einen Ton während dieser vier gleichmäßigen Schläge aus, spielst du eine *Ganze Note*.

Setzt du mit dem Spielen vier gleichmäßige Schläge lang aus, spricht man von einer *Ganzen Pause*.

GANZE NOTE	GANZE PAUSE
Zähle: 1 2 3 4	Zähle: 1 2 3 4
Erhält 4 Schläge im $\frac{4}{4}$-Takt.	Zeigt einen ganzen Takt Pause an.

Tipp:

▸ Die Notenwerte in der Musik stellen immer nur **relative Größen** dar. Wie lang eine Ganze Note tatsächlich klingt, ist vom Grundtempo abhängig. Und das bestimmst du selbst, solange kein Tempo angegeben ist (*vgl. S. 27*).

▸ Beginne also immer so *langsam*, wie es deine Atmung zulässt. Steigere dein Übungstempo erst, wenn du sicher greifen kannst und du den einzelnen Ton mit stabilem, gleichmäßen Luftstrom blasen kannst.

Dein erster Song

Der erste Song kombiniert die Töne „g" und „a" als Ganze Noten. Halte also jede Note vier Schläge lang aus und pausiere in jedem zweiten Takt.

Am Ende des Stücks steht vor dem Doppelstrich ein *Doppelpunkt*. Das bedeutet, dass die gesamten acht Takte noch einmal gespielt werden.

Die Pausen in jedem zweiten Takt geben dir Zeit, dich mit Hilfe der Checkliste auf den nächsten Ton in Ruhe vorzubereiten. Spiele ihn dann vier Schläge lang zu dem Playback auf der CD, bis zum Beginn der nächsten Pause (*Zählzeit 1*).

WIEDERHOLUNGS-ZEICHEN
Noch einmal von vorn spielen!

♩ = 100
Dieses Zeichen gibt präzise Auskunft darüber, in welchem Tempo ein Musikstück vorgetragen werden soll.

♩ = Notenwert der einzelnen Schläge

100 = Anzahl der Schläge pro Minute

Ein gleichmäßiges Tempo ist wichtig. Versuche also, *nicht schneller oder langsamer* zu werden.

Twin Feelings

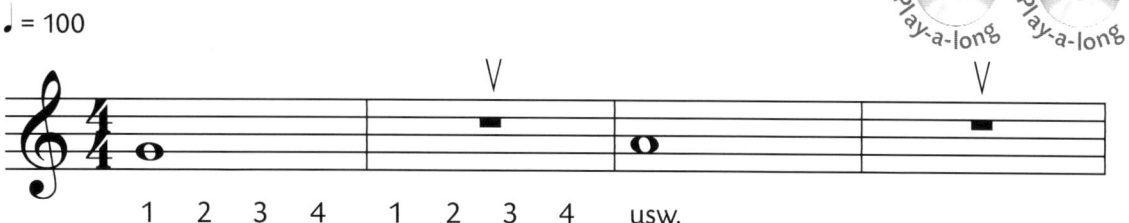

Die Halbe Note

Hältst du einen Ton über zwei gleichmäßigen Schlägen aus, spielst du eine *Halbe Note*.

Optisch unterscheidet sich die Halbe Note von der Ganzen Note darin, dass seitlich vom Notenkopf („Ball") ein *Notenhals* angebracht ist.

Die Rhythmuspyramide

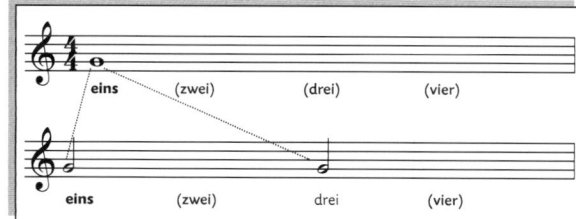

Die *Ganze Note* wird vier Schläge (Zählzeiten) ausgehalten. Durch das Teilen der Ganzen Note erhältst du zwei *Halbe Noten*, die jeweils zwei Schläge ausgehalten werden.

Die Melodie zu *Ganz und Halb* umfasst jetzt auch *Halbe Noten*. Versuche, erst nach jedem zweiten Takt zu atmen. Sollte der Luftvorrat dafür nicht ausreichen, kannst du auch taktweise Luft holen.

Ganz und Halb

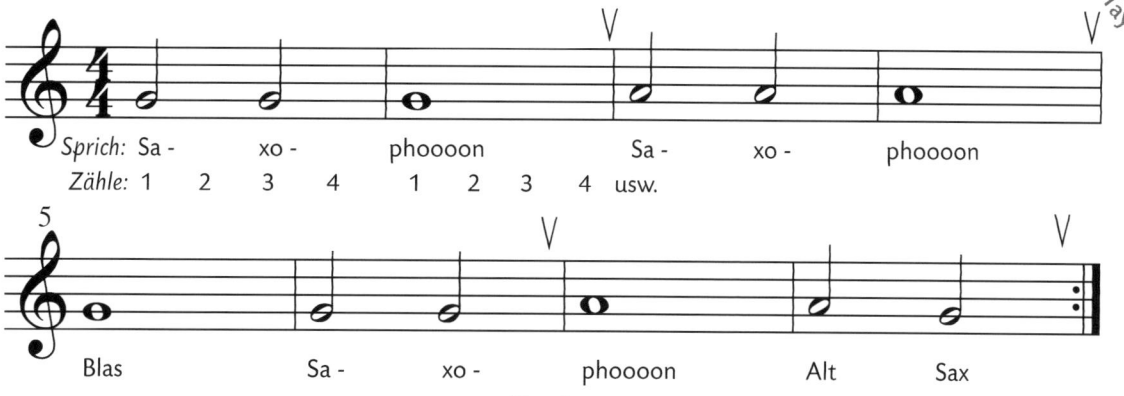

Song #1 - Die Halbe Note

Im nächsten Song *Together Again* spielst du jetzt mehrere Töne mit einem anhaltenden Luftstrom, ohne die einzelnen Töne durch einen Zungenstoß zu unterbrechen. Das wird im Notenbild durch einen *Legato-* bzw. *Bindebogen* gekennzeichnet.

Der Legatobogen (Bindebogen)

Der *Legato-* bzw. *Bindebogen* verbindet Noten unterschiedlicher Tonhöhe. Der Zungenstoß erfolgt also nur bei der ersten Note. Der nächste Zungenstoß wird demnach erst für den ersten Ton des folgenden Legatobogens benötigt.

Der *Legato-* bzw. *Bindebogen* gehört zu den sogenannten *Artikulationszeichen*. Sie bestimmen die Aussprache der Melodie. Für die nächste Melodie bedeutet das, dass du beim Üben der Melodie diese Legatobögen ganz exakt ausführst und nicht vernachlässigst. Denn eine „falsch ausgesprochene" Melodie hat sich schneller im Gehör eingeprägt, als es einem lieb ist.

LEGATOBOGEN

„Döö"

Verbindet Noten unterschiedlicher Tonhöhe. Zungenstoß nur bei der ersten Note.

Die Atemzeichen (V) zeigen Dir an, wann du wieder Luft holen kannst. Zungenstoß nicht vergessen!

Together Again

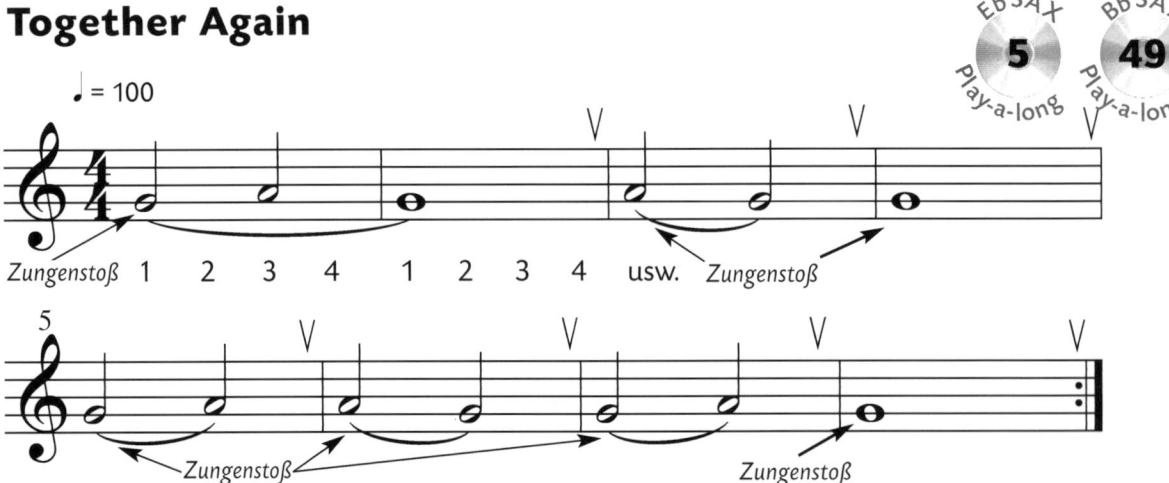

Die beiden Töne „h" und „c"

Der Ton „h"

Der Ton „h" wird nur mit dem *Zeigefinger* ❶ der linken Hand gegriffen.

Linke Hand: *Zeigefinger*

Der Ton „c"

Der Ton „c" wird nur mit dem *Mittelfinger* ❷ der linken Hand gegriffen.

Linke Hand: *Mittelfinger*

Garantiert Saxophon lernen - Lektion 2

Greife zunächst den Ton „**h**" mit dem *Zeigefinger* ❶ der linken Hand und spiele ihn ganz bewusst auf deinen Atem achtend (*vgl. Checkliste, S. 22*). Wenn der Luftvorrat verbraucht ist, holst du so schnell wie möglich Luft und spielst ihn erneut. Wiederhole das *mindestens* drei Mal.

Greife dann den angegebenen Ton „**c**" mit dem *Mittelfinger* ❷ der linken Hand und übe ihn in der gleichen Weise.

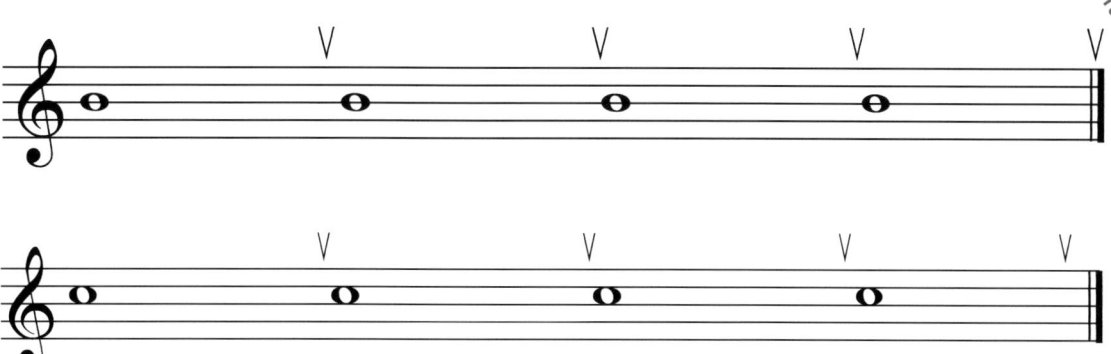

Verteile jetzt den Luftvorrat gleichmäßig auf alle vier Noten. Hole erst am Anfang der Zeile wieder Luft (*vgl. S. 26*)!

Einzeln sind die Töne „**h**" und „**c**" nicht schwer zu greifen. Allerdings ist der Wechsel zwischen beiden nicht ganz einfach. Übe den Wechsel in *See You*:

See You

Ab dem Ton „h" aufwärts wird der Notenhals links vom Notenkopf nach unten geführt.

Ob der Wechsel wirklich sauber funktioniert, kannst du in der zweiten Melodie zu *See You* feststellen. Wenn die Legatobögen eingehalten werden, sollten keine Zwischentöne zu hören sein. Ist dies trotzdem der Fall, ist der Griffwechsel erst langsam zu üben, bis er fehlerfrei klappt.

See You als Legatoübung

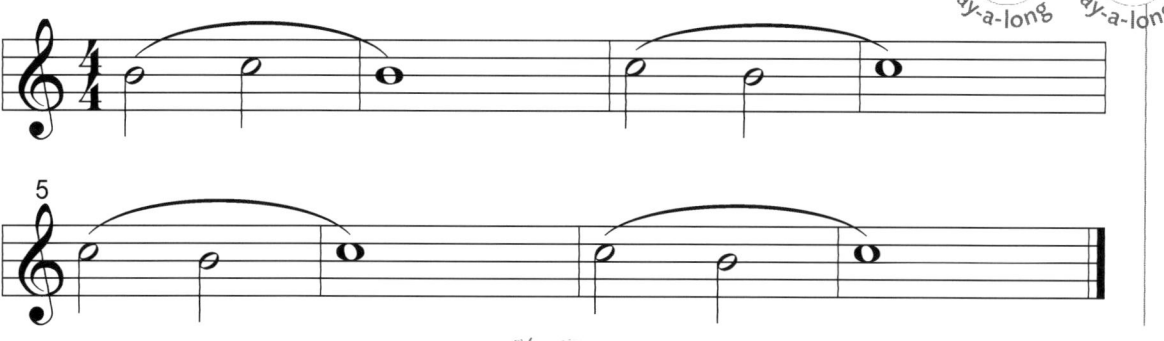

Spielwiese

Die Spielwiese beendet jede Lektion. Sie fasst noch einmal die wichtigsten Inhalte zusammen und dient der Vertiefung des Gelernten.

Die Lösungen dieser Aufgaben findest du auf der Internetseite: *www.garantiertsax.de*

1. Welcher Ton ist das? Benenne den Ton und trage in die Noten ein!

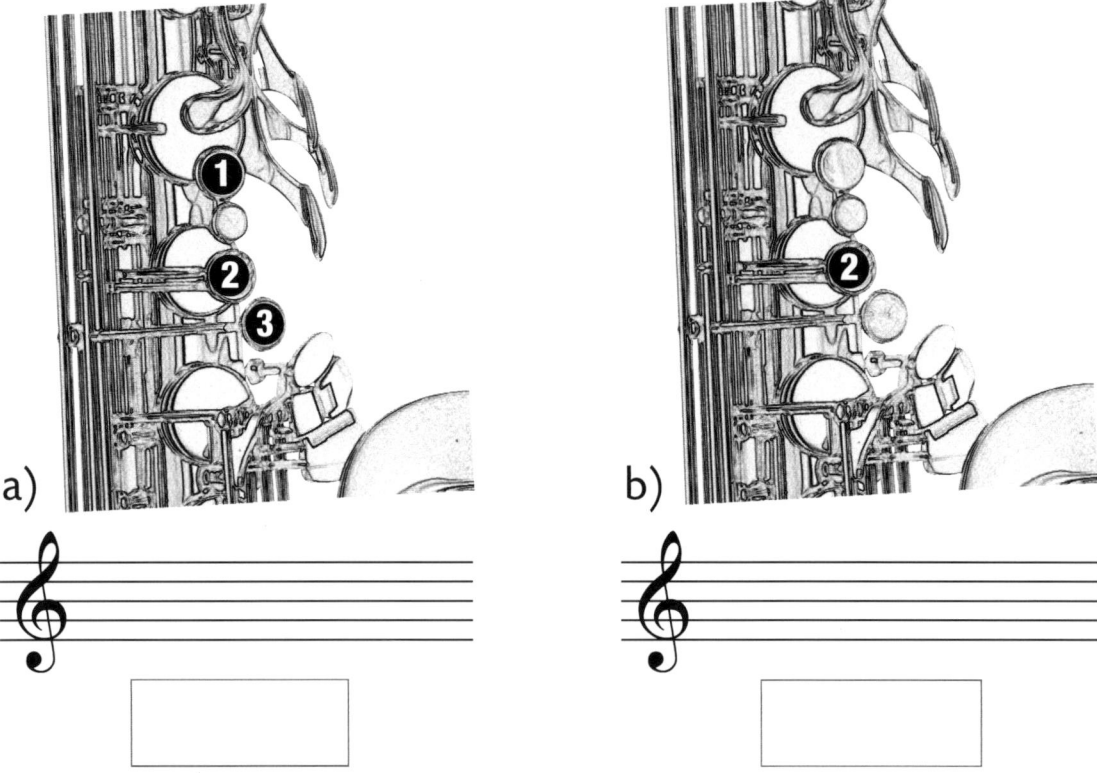

2. Wieviele Takte sind insgesamt zu spielen? Trage in das Kästchen ein!

3. Trage die Zählzeiten (Schläge) in die Rhythmuspyramide ein!

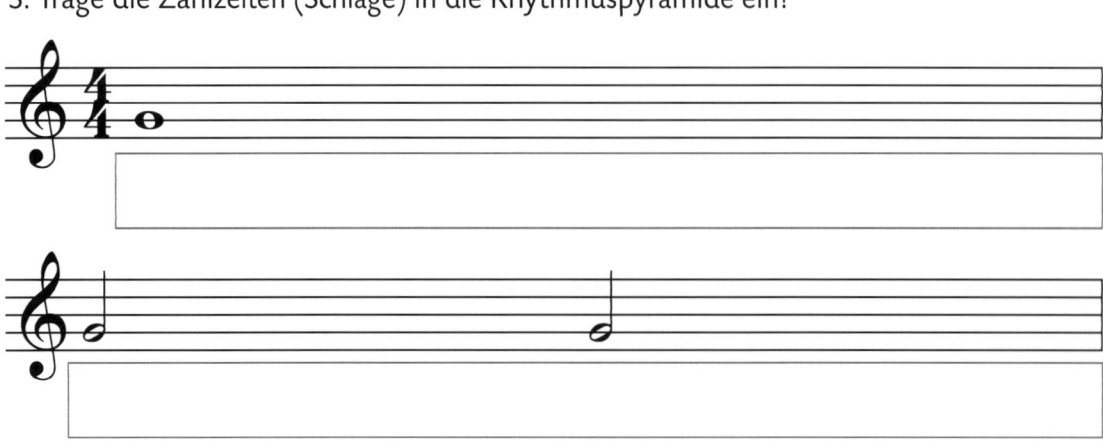

Lektion 3

Das lernst du:

Grundbegriffe
Die rechte Hand
Die Halbe Pause
Wiederholungszeichen ||: :||
Taktart **C**
Duett
Haltebogen
Viertelnote

Erste Töne mit der rechten Hand
E, F, D

Songrepertoire
Etüden
Duette

Die rechte Hand

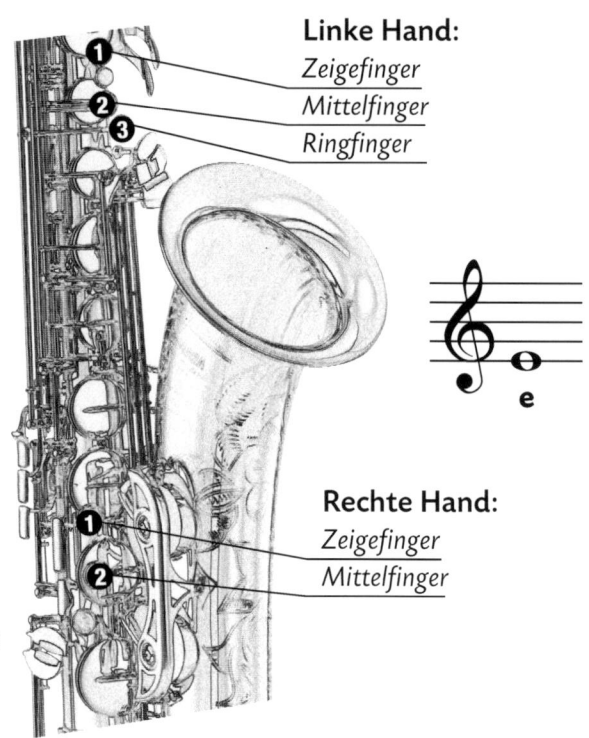

Linke Hand:
Zeigefinger
Mittelfinger
Ringfinger

Jetzt kommt die *rechte Hand* zusätzlich zur linken Hand zum Einsatz.

Der Ton „e"

Zeige- und Mittelfinger der rechten Hand ergänzen nun *Zeige-, Mittel- und Ringfinger* der linken Hand, um den Ton „**e**" zu spielen.

Greife also den Ton „**e**" und blase ihn ganz bewusst, wie in der *Checkliste* zum Ansatz auf *Seite 22* beschrieben. Bestimme dein Tempo selbst!

Rechte Hand:
Zeigefinger
Mittelfinger

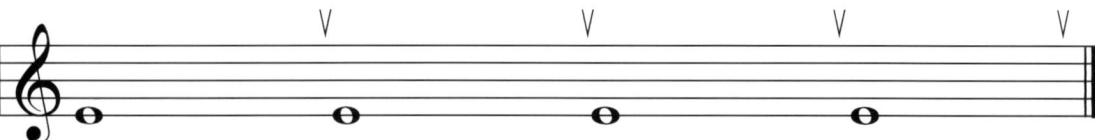

Wichtig ist, die Koordination zwischen den Fingern der linken und der rechten Hand zu üben. Der Wechsel zwischen „e" und „g" ist kein Problem. Du brauchst lediglich die Finger der rechten Hand *gleichzeitig* abzuheben und wieder aufzusetzen. Beim Ton „a" muss *gleichzeitig* der Ringfinger der linken Hand von der Klappe genommen werden.

Achte darauf, dass die Griffwechsel flüssig und ohne Zwischentöne vonstatten gehen.

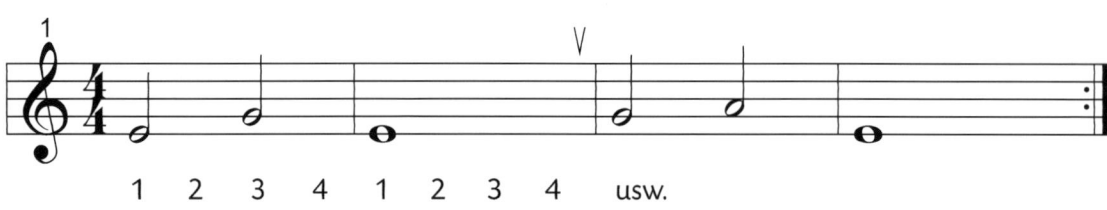

1 2 3 4 1 2 3 4 usw.

In der folgenden Melodie kommen alle bis jetzt gelernten Töne zum Einsatz:

Eb SAX Play-a-long **8**
Bb SAX Play-a-long **52**

All Together

♩ = 100

1 2 3 4 1 2 3 4 usw.

Garantiert Saxophon lernen - Lektion 3

Die Halbe Pause

Wie die Halbe Note ist auch die *Halbe Pause* zwei Schläge lang. Sie wird im Unterschied zur Ganzen Pause auf die nächst untere Notenlinie gesetzt. Pausen eignen sich besonders gut zum Luft holen.

Im folgenden Beispiel sind in den Takten 2, 4 und 6 Halbe Pausen zu finden. Die Zählzeiten 3 und 4 bleiben also stumm und können fürs Luft holen genutzt werden.

Pausenzeit

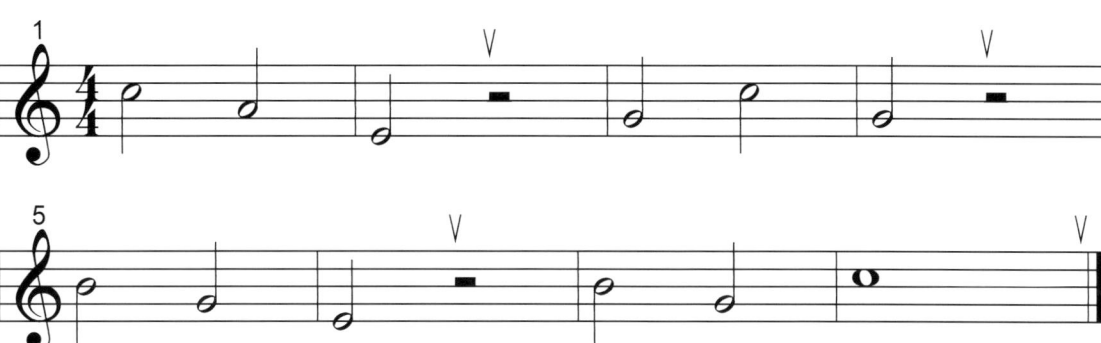

Halte die Halbe Note bis zur Pause zwei Schläge lang aus. Beende die Note nicht schon auf Zählzeit 2.

Die gleiche Melodie, jetzt mit Legatobögen. Unsaubere Zwischentöne werden in der Legatospielweise wieder gut hörbar. Achte also bei den Griffwechseln besonders auf eine saubere Ausführung.

Pausenzeit mit Legatobögen

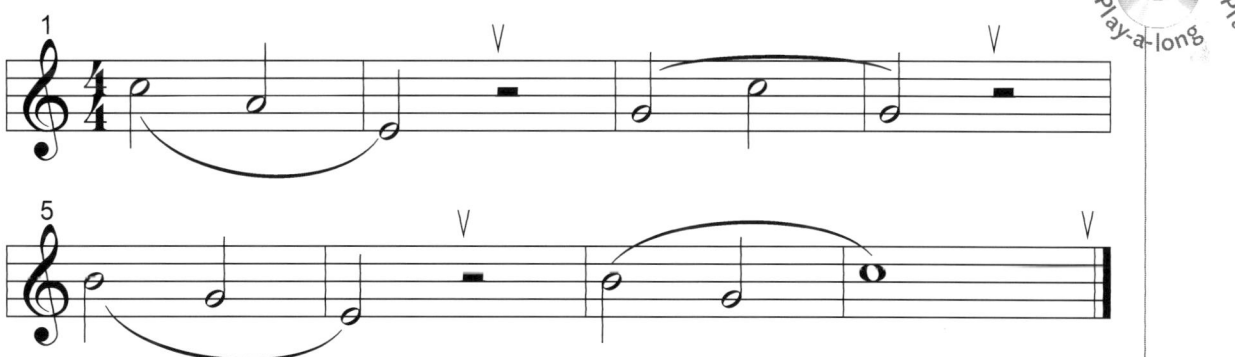

Die Koordination der Finger beim Griffwechsel kannst du mit den nachfolgenden Legatoübungen entscheidend verbessern. Übe dabei nicht zu schnell, sondern achte auf fehlerfreie Ausführung. Lieber erst *langsam* üben. Erst wenn du sie sauber in langsamem Tempo ausführen kannst, das Tempo allmählich steigern. Übe jede zweitaktige Übung mehrfach, bis sie richtig sitzt!

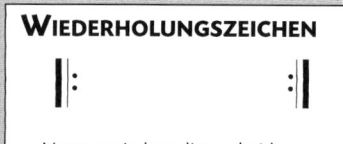

Griffwechselübungen

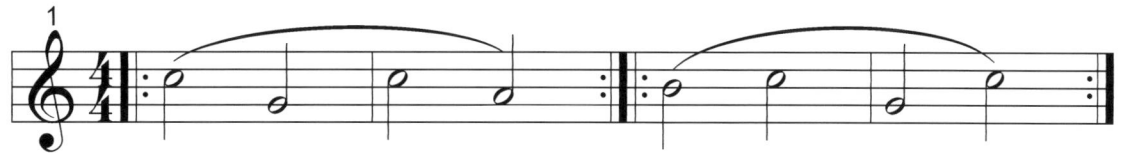

Übe die Griffwechsel *langsam!*

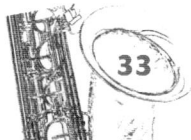

Die rechte Hand kommt ins Spiel

Achte auf möglichst kleine Fingerbewegungen und kurze Wege der Finger. Lass die abgehobenen Finger nur knapp über ihrer Klappe schweben. Ökonomie der Bewegungen ist angesagt.

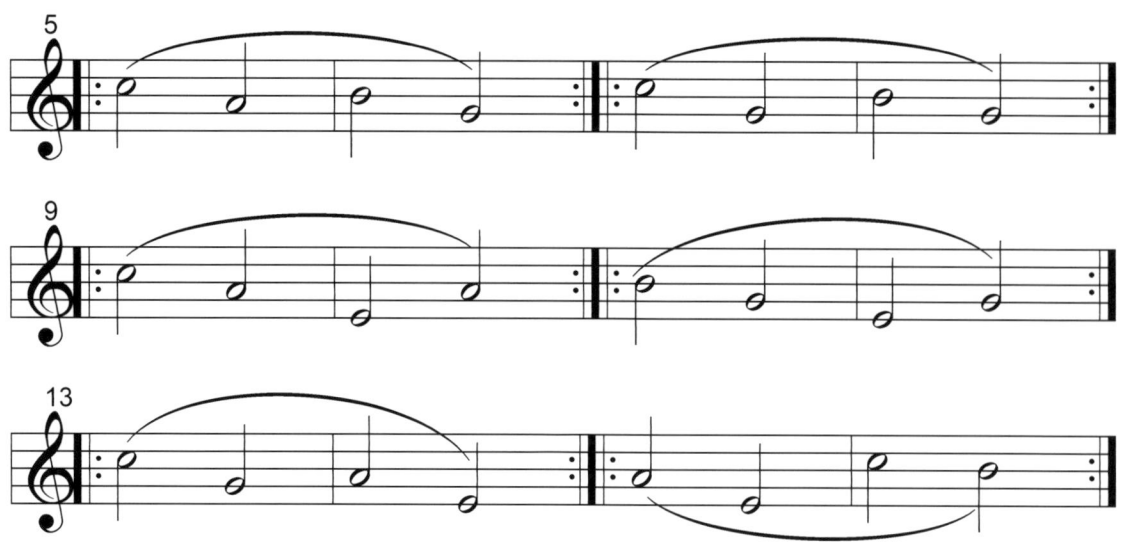

Die Töne „f" und „d"

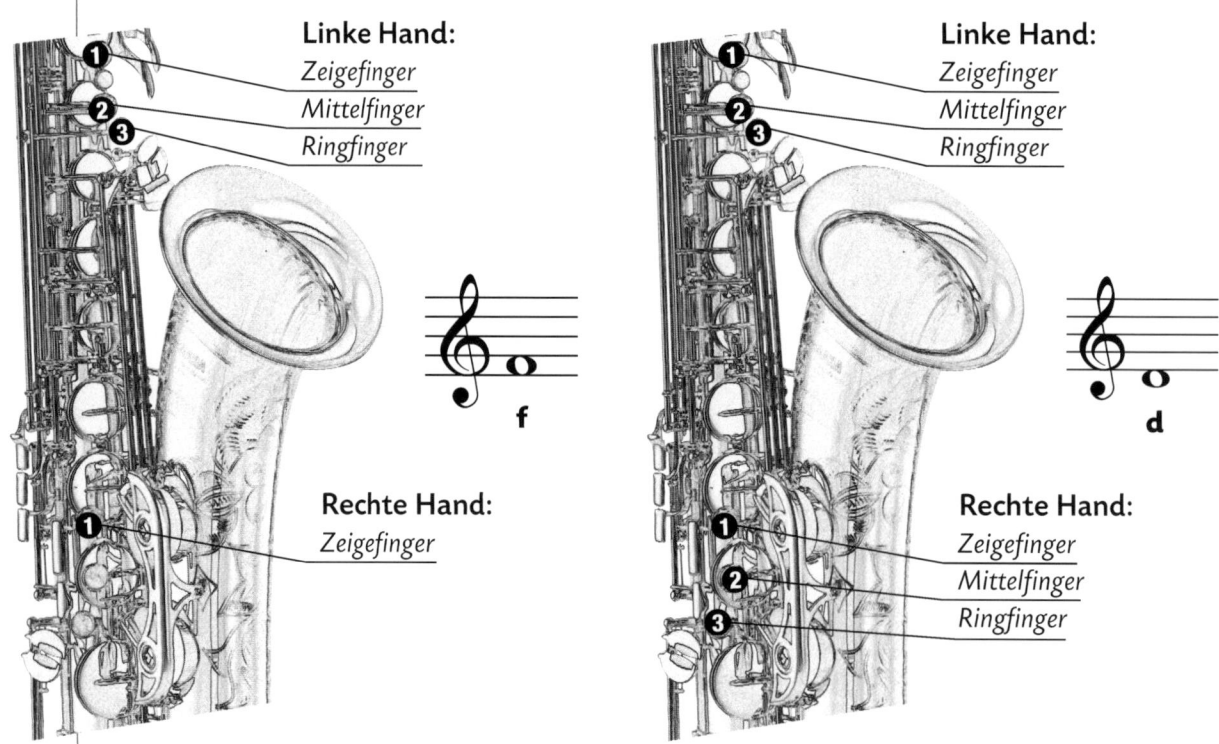

Im Unterschied zum Ton „e" greift beim „f" nur der *Zeigefinger* der rechten Hand ergänzend zur linken Hand.

Greife den Ton „f" und blase ihn wieder ganz bewusst, wie in der *Checkliste* zum Ansatz auf *Seite 22* beschrieben. Bestimme dein Tempo selbst!

Achte auf deinen Ansatz (*vgl. Checkliste, S. 22*)

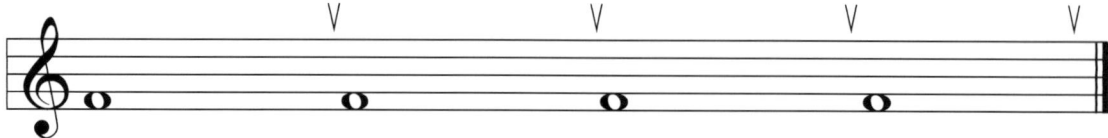

Im Unterschied zum Ton „e" greift beim „d" jetzt auch der *Ringfinger* der rechten Hand. Greife den Ton „d" und blase ihn wieder ganz bewusst, wie in der *Checkliste* zum Ansatz auf *Seite 22* beschrieben. Bestimme dein Tempo selbst!

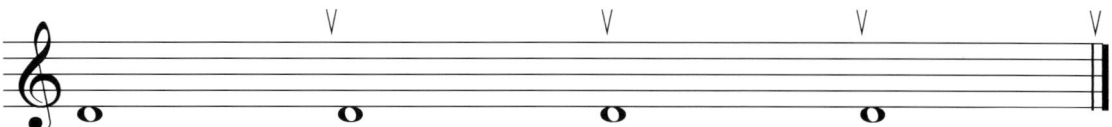

Die nächste Übung wechselt zwischen den beiden neuen Tönen „e" und „f".

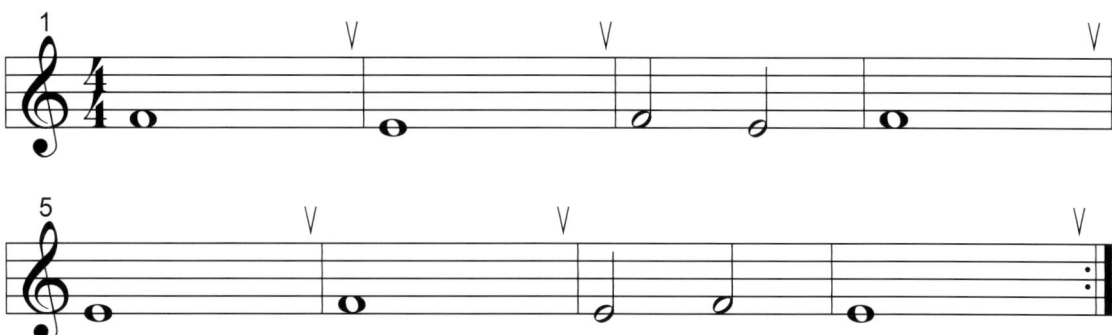

Spiele jetzt vom „g" *abwärts* zum „d" und wieder *aufwärts* zurück. Versuche, nur alle zwei Takte zu atmen, um der Melodielinie gerecht zu werden.

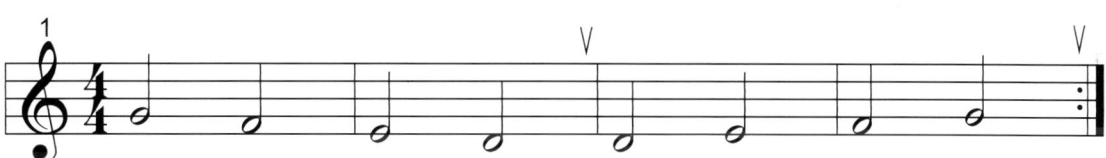

Übe am nächsten Beispiel den sauberen Tonwechsel in der Legatospielweise.

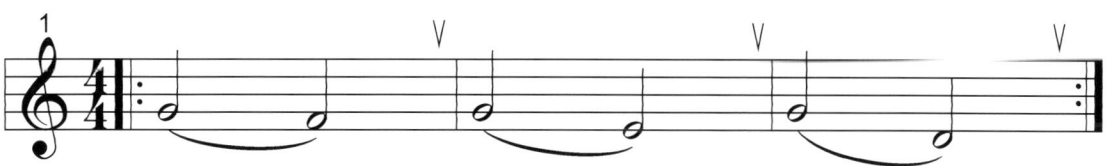

Jetzt alle dir bereits bekannten Töne in *Abwärtsbewegung*. Hole auch hier nur alle zwei Takte Luft. Das 𝄵 am Zeilenanfang ist eine andere Schreibweise für den 4/4 - Takt.

TAKTART C

Andere Bezeichnung für 4/4-Takt.

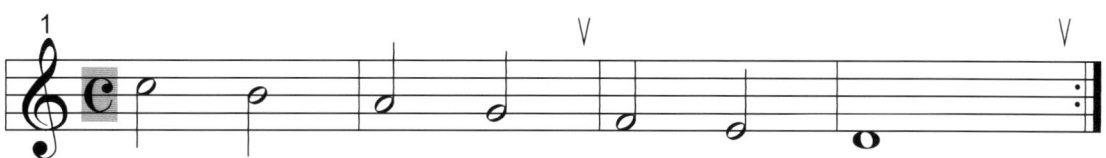

Die ersten Duette

Duett

Ein Duett ist eine Komposition für *zwei Stimmen*. In der Notation erkennt man es daran, dass sich die Taktstriche über zwei Notensysteme erstrecken. Das heißt: Beide Stimmen erklingen *gleichzeitig*. Übe zunächst jede Stimme einzeln, um sie dann jeweils zum Play-a-long zu spielen.

Zeile 1 = 1. Stimme
Zeile 2 = 2. Stimme

Bei deinem ersten Duett siehst du *zwei Stimmen*. Wenn die Taktstriche sich über zwei Notensysteme erstrecken, so sollen beide Stimmen *gleichzeitig* erklingen. Da ein Saxophon nur eine Stimme *gleichzeitig* wiedergeben kann, benötigt man für dieses Lied zwei Saxophonisten. Beide Stimmen haben den gleichen Rhythmus, nur die Tonhöhen je Stimme sind unterschiedlich.

Übe beide Stimmen erst einzeln. Dann kannst du beide Stimmen zusammen mit deinem Lehrer üben.

Duett 1

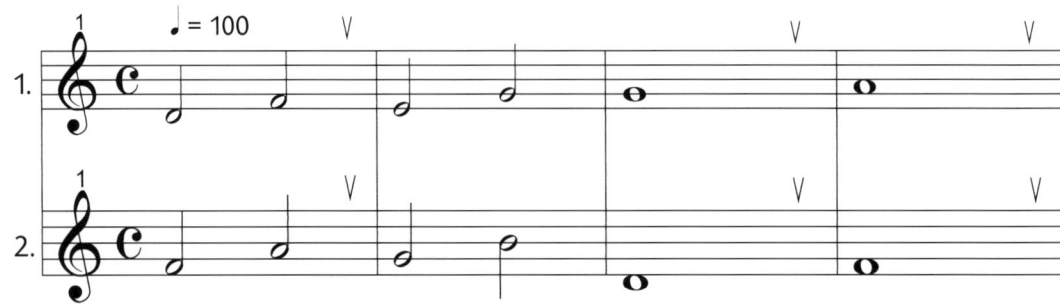

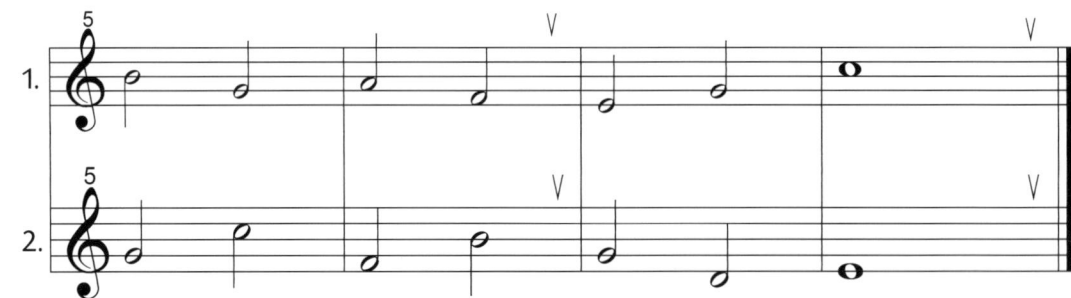

Beim nächsten Duett unterscheiden sich beide Stimmen nicht nur in der Tonhöhe, sondern zum Teil auch im Rhythmus beider Stimmen.

HALTEBOGEN

Verbindet zwei Noten gleicher Tonhöhe zu einem einzigen langen Ton.

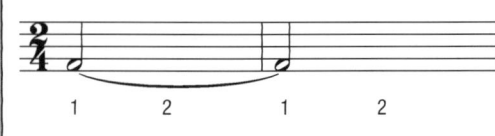

Die Noten „d" (*Takt 2/3*) und „c" (*Takt 5/6*) in der zweiten Stimme sind mit *Haltebögen* verbunden. Beide Noten werden *vier* Schläge lang gehalten (von der Zählzeit 3 im *Takt 2* bzw. 5 bis zur Zählzeit 3 in *Takt 3* bzw. 6). Diese Haltebögen sehen genauso aus wie *Legato- bzw. Bindebögen* (vgl. S. 28).

Haltebögen verbinden Noten gleicher Tonhöhe zu einem einzigen Ton und verlängern sie. Legatobögen verbinden Noten unterschiedlicher Tonhöhe und sind *Artikulationszeichen*. Übe auch hier beide Stimmen mit dem Playback bzw. deinem Lehrer.

Duett 2

Garantiert Saxophon lernen - Lektion 3

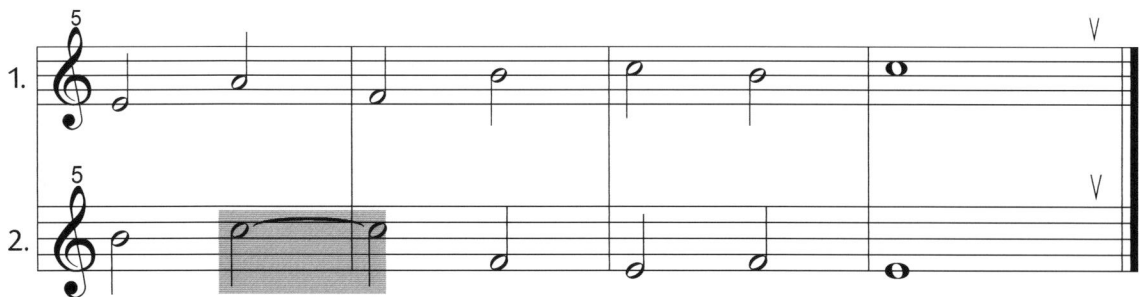

Die Viertelnote

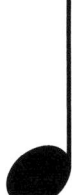

Die *Viertelnote* entspricht den einzelnen Zählzeiten (Schlägen) im 4/4-Takt. Das bedeutet, jeder Schlag ist eine Viertelnote lang.

Setzt du mit dem Spielen einen Schlag lang aus, spricht man von einer *Viertelpause* (vgl. S. 44).

Die Rhythmuspyramide

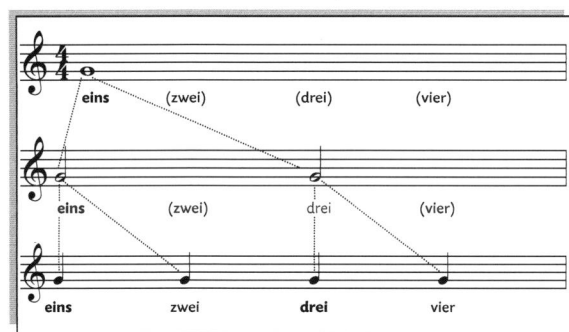

Die *Ganze Note* wird vier Schläge (Zählzeiten) ausgehalten. Durch das Teilen der Ganzen Note erhältst du zwei *Halbe Noten*, die jeweils zwei Schläge ausgehalten werden. Die *Viertelnote* ist der vierte Teil der Ganzen Note und halb so lang wie eine Halbe Note. Optisch unterscheidet sie sich von der Halben Note darin, dass der Notenkopf schwarz ausgemalt ist.

Haltebögen verbinden Noten *gleicher Tonhöhe*. *Legatobögen* verbinden Noten *unterschiedlicher Tonhöhe*.

Die folgende Übung enthält alle bislang bekannten Notenwerte. Beachte die Atemzeichen!

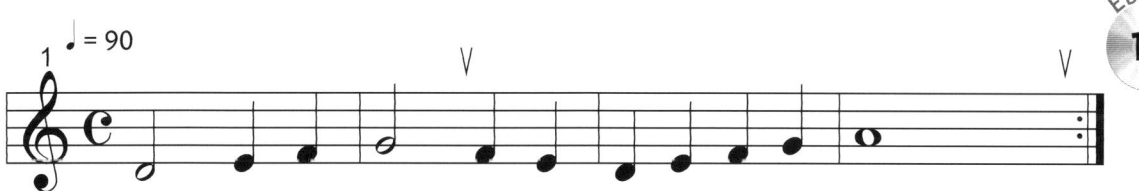

Und eine überlieferte Kinderliedmelodie mit Viertelnoten.

Wir freuen uns

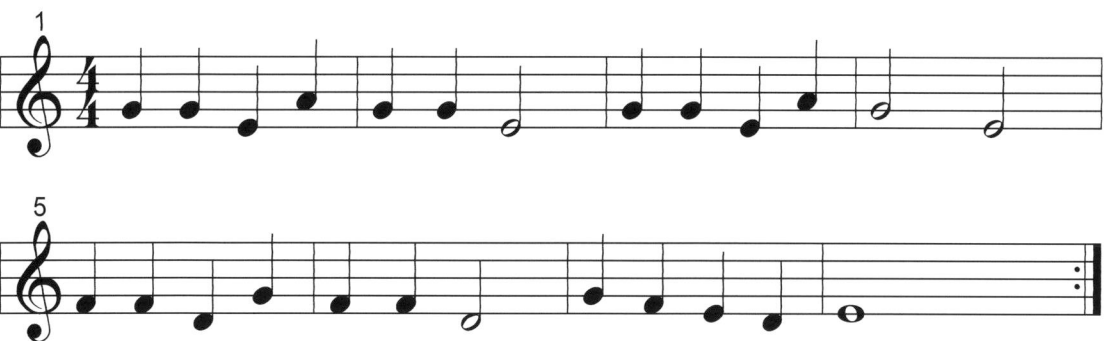

Die Viertelnote

Spielwiese

1. Welcher Ton ist das? Trage als Ganze Note ein!

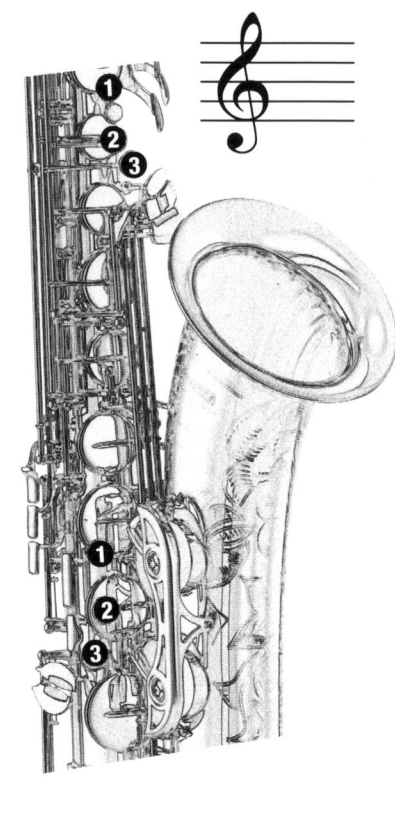

Die Lösungen dieser Aufgaben findest du auf der Internetseite:
www.garantiertsax.de

2. Wieviele Takte sind insgesamt zu spielen? Trage in das Kästchen ein!

3. Spiele einmal ohne und einmal mit Haltebogen!

4. Spiele und trage die Zählzeiten (Schläge) in die Rhythmuspyramide ein!

Garantiert Saxophon lernen - Lektion 3

Lektion 4

Das lernst du:

Grundbegriffe
Die Versetzungszeichen
Das Auflösungszeichen
Die Wiederholungsklammer
Artikulationszeichen
Die Viertelpause
Die Oktavklappe
Die punktierte Halbe
Der alla breve-Takt
Auftakt
Ritardando

Neue Töne
Cis, B/Ais, Fis/Ges
Oktavtöne d und e

Repertoire
Etüden
Technische Übungen
Prélude aus: Te Deum

Das Kreuz-Versetzungszeichen

Die Noten c, d, e, f, g, a und h hast du bis jetzt kennengelernt. Dies sind die sogenannten *Stammtöne* (die *weißen Tasten* auf dem Klavier). Auch die Tonart C-Dur (*vgl. S. 63*) beinhaltet diese Töne.

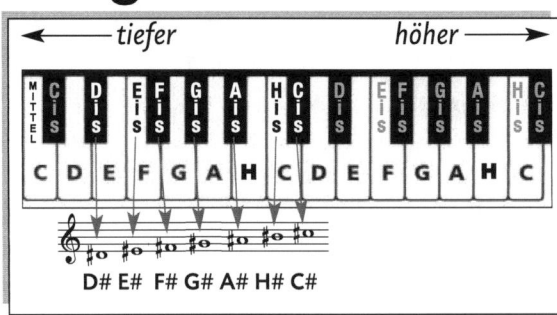

Die *schwarzen Tasten* auf dem Klavier werden im Notenbild mit Zusatzzeichen dargestellt. Will man einen Halbton höher spielen (schwarze Taste rechts oberhalb der weißen Taste), wird das *Versetzungszeichen* (*Vorzeichen*) vor dem Notenkopf platziert. Es zeigt an, dass die Note um einen Halbton erhöht wird. Noten mit einem Kreuz erhalten die Endung „is":

Das Kreuz-Vorzeichen wird dem Notenkopf vorangestellt. Es gilt nur innerhalb eines Taktes bis zum Taktende.

VERSETZUNGSZEICHEN
♯ Erhöht die Tonhöhe der angegebenen Note um einen Halbton.

Aus C wird **Cis**,   G wird **Gis**,
     D wird **Dis**,   A wird **Ais**,
     E wird **Eis** (= F),   H wird **His** (= C)
     F wird **Fis**,   *und wieder von vorn.*

Auf der Klaviertastatur *fehlt* zwischen den Tönen „e" und „f" und den Tönen „h" und „c" jeweils die schwarze Taste. Der Abstand zwischen diesen Tönen beträgt immer lediglich einen *Halbton*. Dies wird uns noch näher bei den Tonleitern interessieren (*vgl. S. 63*).

Versetzungszeichen bzw. Vorzeichen *innerhalb eines Taktes* gelten nur für den Ton, dem sie vorangestellt sind. Mit dem *Ende des Taktes* verlieren alle Vorzeichen ihre Gültigkeit. Das heißt, im nächsten Takt müssen die Vorzeichen erneut der Note vorangestellt werden (*vgl. Notenbeispiel 1*), sollen sie weiter gelten.

Notenbeispiel 1

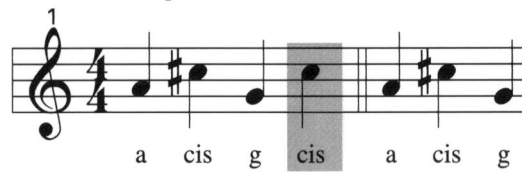

In *Notenbeispiel 2* fehlt im 2. Takt das ♯-Versetzungszeichen vor der ersten Note, sodass wieder der Ton „c" gilt.

Notenbeispiel 2

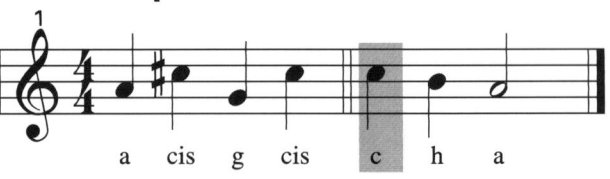

Das Auflösungszeichen

Das Auflösungszeichen wird dem Notenkopf vorangestellt. Es gilt innerhalb eines Taktes bis zum Taktende.

Das *Auflösungszeichen* ♮ hebt das Versetzungszeichen vor einer Note bis zum Taktende wieder auf, solange kein neues Versetzungszeichen auftritt. Möchte man also im ersten Takt des *Notenbeispiels 1* als letztem Ton ein „c" hören, wird ein Auflösungszeichen vorangestellt (*vgl. Notenbeispiel 3*).

AUFLÖSUNGSZEICHEN
♮ Hebt ein Versetzungszeichen bis zum nächsten Taktstrich auf.

Notenbeispiel 3

Hier ist dem letzten Ton im 2. Takt ein Auflösungszeichen vorangestellt. Das ♯ wird aufgehoben. Aus „cis" wird wieder „c".

Der Ton „cis" (C♯)

Der Ton **cis** (C♯) ist leicht zu spielen. Es ist der Ton, der erklingt, wenn du alle Finger abhebst und *keine Klappe* betätigst. Spiele die vorangegangenen drei Notenbeispiele im Zusammenhang.

Takt 1: *Die letzte Note bleibt „cis", da das Kreuz vor dem Stammton „c" erst mit dem Taktstrich aufgehoben wird!*

Takt 2: *Das Auflösungszeichen vor dem letzten Ton macht das „cis" wieder zum „c"!*

Takt 3: *Hier gilt dasselbe wie in Takt 1: „cis" bleibt „cis"!*

Takt 4: *Neuer Taktanfang - Die erste Note ist wieder ein „c". Das ♯ ist durch den vorangegangenen Taktstrich wieder aufgehoben!*

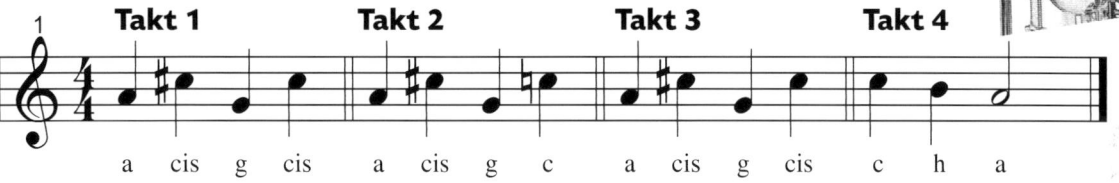

Achtung:
Takt 1: 2x cis
Takt 2: cis und c
Takt 3: 2x cis
Takt 4: c

In der folgenden Übung behält das „cis" in jedem Takt seine Gültigkeit.

Das ♭-Versetzungszeichen

Das ♭-*Versetzungszeichen erniedrigt den jeweiligen Stammton um einen Halbton*. Das entspricht den schwarzen Tasten am Klavier, die *links unterhalb* der weißen Tasten liegen. Noten mit einem ♭ erhalten die Endung „es". *Ausnahmen* bilden der Stammton „h" (wird zum „b") und die Stammtöne „a" („as") und „e" („es"), denen lediglich der Buchstabe „s" angehangen wird.

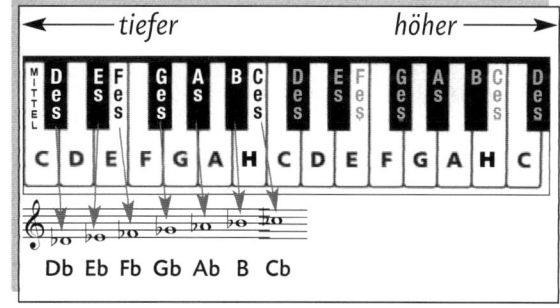

Das ♭-Vorzeichen wird dem Notenkopf vorangestellt. Es gilt nur innerhalb eines Taktes bis zum Taktende.

VERSETZUNGSZEICHEN

♭ *Erniedrigt* die Tonhöhe der angegebenen Note um einen Halbton.

Aus **C** wird **Ces** (= H),   **G** wird **Ges**,
     D wird **Des**,   **A** wird **As**,
     E wird **Es**,   **H** wird **B**
     F wird **Fes** (= E),   *und wieder von vorn.*

Auch hier gilt: Das ♭-Vorzeichen wird am Taktende sowie durch ein Auflösungszeichen aufgehoben.

Versetzung gefährdet?

Die Töne „b" und „ais" (A♯)

Zwei Noten = ein Ton?

Auf dem Saxophon gibt es oft mehrere Möglichkeiten, einen Ton zu greifen. Die Entscheidung, welcher Griff verwendet wird, ist abhängig davon, welche Töne dem Griff vorangehen bzw. folgen. Sinnvollerweise verwendet man dann denjenigen Griff, der mit den Nachbartönen die einfachste Griffverbindung ergibt. Aus diesem Grunde sollte man beide Griffvarianten gleich gut beherrschen.

Die Töne „b" und „ais" klingen auf dem Saxophon gleich und werden in der gleichen Weise gegriffen. Dafür stehen *zwei gängige Griffe* zur Verfügung.

Da es für Halbtöne - wie „b" und „ais" - auf dem Klavier nur eine Taste und auf dem Sax dieselbe Griffweise gibt, klingen beide Töne gleich. Das liegt an der temperierten Stimmung dieser Instrumente. Auf nicht temperierten Instrumenten - wie z.B. der Geige - kann ihr klanglicher Unterschied zur Geltung kommen.

„b" und „ais"

Front- oder Doppel-B

Seiten- oder Trillergriff

Linke Hand
Zeigefinger
Mittelfinger

Rechte Hand
unterstes Glied Zeigefinger

Zeigefinger

Front (Doppel)-B:
Der linke Zeigefinger ❶ + ⓛᵇ drückt zwei Klappen gleichzeitig.

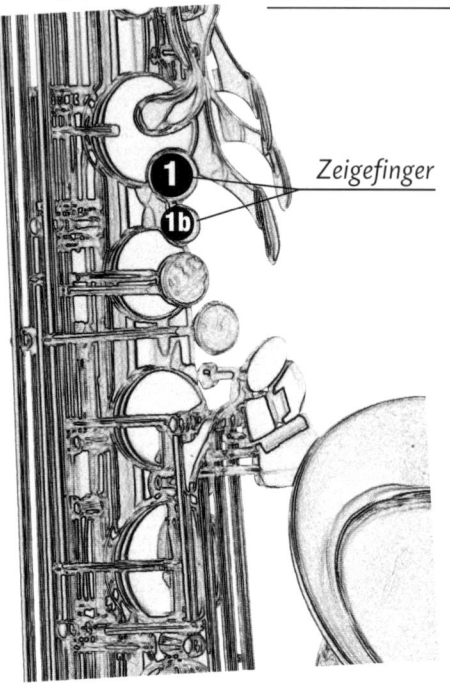

Seiten- (Triller-)griff:
Greife den Ton „a" und drücke mit dem untersten Glied des rechten Zeigefingers die untere Seitenklappe.

Vorübung „b" und „ais"

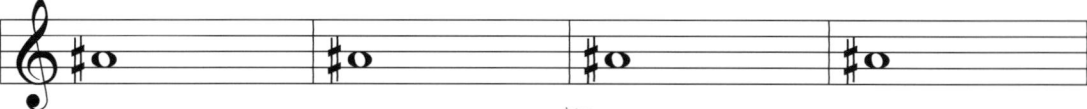

Garantiert Saxophon lernen - Lektion 4

Übe die nachfolgenden Beispiele immer mit beiden Griffen ein und spiele zunächst *langsam*. Falls der *Legatobogen* in der nächsten Übung noch Schwiergkeiten macht, spiele auch alle Noten *angestoßen*. Wiederhole jede Übung, bis dir beide neuen Griffe vertraut sind.

Übe beide Griffvarianten von „b" und „ais"! Ausnahme Tonfolge **ais/b - h** sollte möglichst nur mit dem Seiten-B gespielt werden.

Die Wiederholungsklammer („Haus")

Die folgende Melodie kannst du wieder zum CD-Playback spielen. Sie enthält nur eine Besonderheit, den Formablauf betreffend.

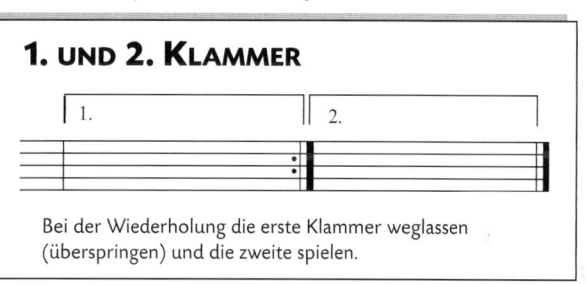

Da Melodien oft den Anfang wiederholen, aber das Ende variieren, gibt es in der Notenschrift die Möglichkeit, bei einer Wiederholung die Endungen von Musikstücken auszutauschen. Dies geschieht mit Hilfe einer *Wiederholungsklammer*, von Arrangeuren auch *„Haus"* genannt.

In *Half Step* werden beim ersten Durchgang die Noten bis zum Wiederholungzeichen unter *Klammer 1 („Haus 1")* gespielt. Bei der Wiederholung werden die zwei Takte unter Klammer 1 *weggelassen* und dafür die beiden Takte unter *Klammer 2 („Haus 2")* gespielt. Beachte auch die Vor- und Auflösungszeichen!

Half Step

Achte auf die Vorzeichen:
Takt 1: a und ais
Takt 2: a und c
Takt 3: c und b
Takt 4: a und f
Takt 5: g und ais
Takt 6: a und f
Takt 7: g, b, c, b
Takt 8: a
Takt 9: f, g, a, g
Takt 10: f

Neue Töne „b" und „ais"

Die Viertelpause

Eine Pause ist immer eine willkommene Möglichkeit zum Luft holen. Die Dauer einer *Viertelpause* entspricht der der Viertelnote (*vgl. S. 37*). Es wird einen Schlag lang ausgesetzt.

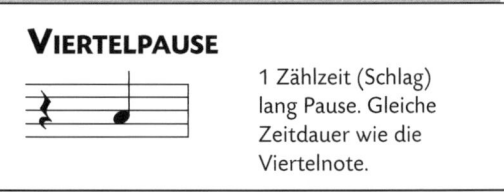

VIERTELPAUSE

1 Zählzeit (Schlag) lang Pause. Gleiche Zeitdauer wie die Viertelnote.

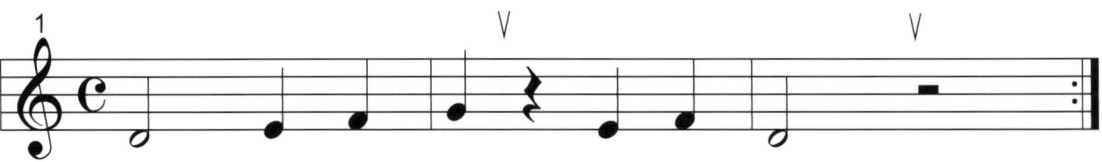

Die Töne „fis" (F♯) und „ges" (G♭)

Griffweise und Klang der Töne **„fis"** und **„ges"** sind auf dem Saxophon gleich. Der Vorteil ist, du brauchst dir für beide Töne nur einen Griff zu merken. Übe zunächst mit langen Tönen.

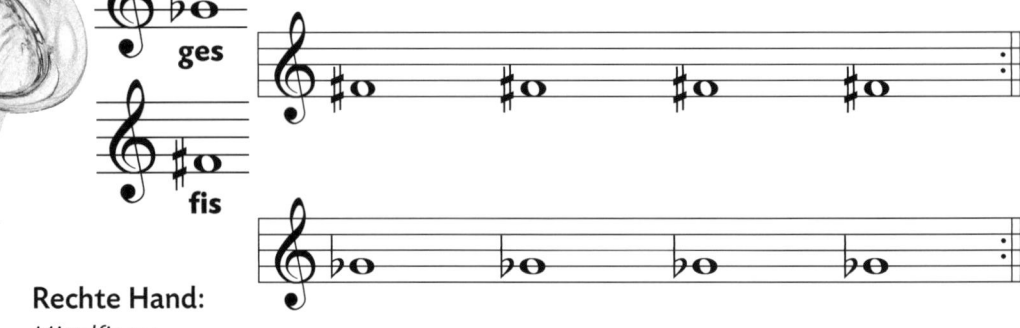

Rechte Hand:
Mittelfinger

Die nächste Übung bereitet den Rhythmus von *Gourmet Song* vor. Achte auf die *Viertelpause* auf der ersten Zählzeit des ersten Taktes. Starte nicht zu früh, sondern erst auf Schlag 2. Sprich den Text laut, bevor du zu spielen beginnst, um ein Gefühl für den Rhythmus zu bekommen.

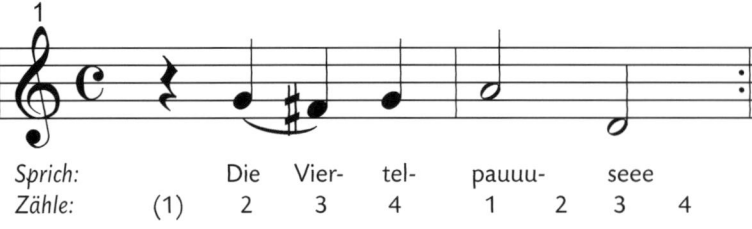

Sprich:		Die	Vier-	tel-	pauuu-	seee		
Zähle:	(1)	2	3	4	1	2	3	4

Artikulationszeichen

Ein *Artikulationszeichen* hast du bereits kennengelernt, den *Legatobogen*. Artikulationszeichen geben an, wie ein Ton gespielt werden soll, ob er betont, kurz oder lang gespielt werden soll. Für uns sind zunächst folgende Zeichen relevant:

LANGER AKZENT ➢

Langer Betonungsakzent: Diese Note soll ihrem Notenwert entsprechend *deutlich hervorgehoben* werden. Er steht entweder *über* oder *unter* einer Note.

Steht ein *langer Akzent* (➢) *über* oder *unter* einer Note, soll diese Note entsprechend ihres Wertes *betont*, d.h. *deutlich* (laut) *hervorgehoben* werden. Diese Aufgabe übernimmt dein Zwerchfell, die Muskulatur, die beim Husten zum Einsatz kommt. Die Note erhält einen kleinen „Schubs", ohne dass die Tonlänge verändert wird. Der Luftstrom wird dabei immer aufrecht erhalten.

Der *kurze Akzent* (∧) dagegen klingt kürzer, als der vorgegebene Notenwert. Du *betonst* diese Note mit deinem *Zwerchfell* und *unterbrichst* kurz danach den Luftstrom mit deiner *Zunge*. Es entsteht eine kurze Pause, bis zum nächsten Ton. Am besten stellst du dir die Silbe „**daat**" vor. Sie hat ungefähr die richtige Länge.

Spiele die folgende Übung in der notierten Artikulation (*vgl. CD*):

> **KURZER AKZENT** ∧
>
> *Kurzer Betonungsakzent*: Diese Note soll *kurz*, also *nicht* ihrem Notenwert entsprechend, *deutlich hervorgehoben* werden. Er steht entweder *über* oder *unter* einer Note.

Jetzt solltest du fit sein für die folgende Melodie. Beachte a) den Einsatz auf **Zählzeit „2"**, b) den Ton „**fis**" in Takt 1 und 7 sowie c) die kurzen und langen **Akzente**. Achte darauf, die Akzentbetonungen nicht zu übertreiben. Sie sollten eher wie Gewürze beim Kochen eingesetzt werden. Die richtige Dosis macht es erst schmackhaft und bekömmlich. Was für den Gaumen gilt, gilt auch für die Ohren.

Gourmet Song

Beginne nicht auf Zählzeit „1" (Viertelpause). Dein Einsatz ist erst auf der „2".

Zwei weitere *Artikulationszeichen* benötigst du im Song *Blue Point*.

Der *Tenutostrich* (—) über oder unter einer Note bedeutet, dass die betreffende Note in ihrer vollen Länge ausgehalten werden soll. Eine besondere Betonung ist nicht nötig.

> **TENUTOSTRICH** —
>
> Diese Note soll ihrem *vollen Wert nach ausgehalten* werden, ohne besonders betont zu werden. Der Tenutostrich steht entweder *über* oder *unter* einer Note.

Die *Fermate* (⌢) über oder unter einer Note verlängert die betreffende Note über ihren Notenwert hinaus. Wie lang, entscheidet der musikalische Leiter oder man selbst. Im Zusammenspiel mit dem CD-Playback musst du dich nach der Begleitband richten. Hör dir die Aufnahme am besten vorher mehrere Male an, bis du die Tondauer gut im Gefühl hast.

> **FERMATE** ⌢
>
> Steht eine Fermate *über* oder *unter* einer Note soll der Ton über seinen eigentlichen Wert hinaus *verlängert* werden.

In *Blue Point* wechseln sich in der Notation die Töne „**fis**" und „**ges**" ab. Der Griff auf dem Saxophon bleibt aber für beide gleich. Neu ist lediglich die Halbe Note auf Zählzeit „2" in Takt 2 und 10. Spiele sie ganz bewusst auf dem 2. Schlag und halte sie zwei Schläge lang aus, wie durch den Tenutostrich gekennzeichnet. Beachte auch alle anderen Artikulationszeichen *(kurzer und langer Akzent, Fermate)*. Hör dir zunächst das CD-Playback an und versuche, die Noten mitzulesen.

Blue Point

Die Oktave

Der Begriff „Oktave" *(lat.: octavus - der Achte)* bezeichnet den 8. Ton unserer Stammtöne *(vgl. S. 40)* bzw. den Tonraum zwischen diesen 8 Tönen (z.B.: c-d-e-f-g-a-h-c). Der 1. Ton (Grundton) und der 8. Ton (Oktave) tragen denselben Namen, da sie eng miteinander verwandt sind. Physikalisch messbar stehen sie im Schwingungsverhältnis von 2:1.

Die Oktavklappe

Bislang haben wir uns lediglich innerhalb einer Oktave bewegt. Um den Tonraum nach oben zu erweitern, gibt es beim Saxophon die geniale Erfindung der *Oktavklappe*.

Die Oktavklappe öffnet ein Ventil, dass die Schallröhre des Saxophons analog zum Schwingungsverhältnis von 2:1 zwischen Grundton und Oktave verkürzt.

Die Oktavklappe wird durch eine *Kippbewegung* des *linken Daumens* betätigt. Der Daumen darf dabei aber nie seine Stützfunktion aufgeben.

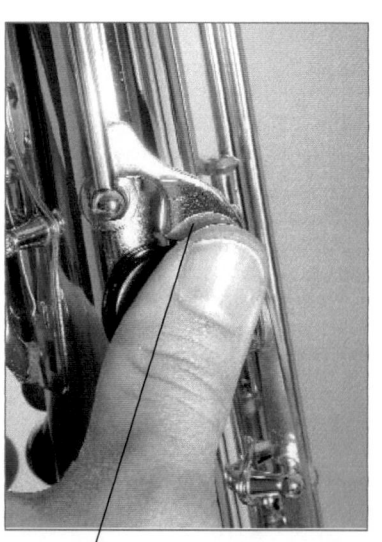

Oktavklappe

Das mittlere „d"

Oktavklappe
linker Daumen

Der höchste Ton der unteren Oktave auf dem Saxophon ist das uns bereits bekannte „**cis**" (keine Klappe gedrückt). Der nächst höhere Ton ist also die Note „**d**", die eine Oktave höher klingt, als der Ton „**d**" aus der uns bereits bekannten unteren Oktave.

Greife das uns bereits bekannte „**d**" und drücke gleichzeitig mit dem *linken Daumen* die Oktavklappe. Beachte, dass dein *linker Daumen* nicht seine Stützfunktion aufgibt. Wenn du jetzt in das Mundstück bläst, erklingt der Ton „**d**" eine Oktave höher.

Alle Töne, die du bis jetzt gelernt hast, können mit Hilfe dieser Oktavklappe eine Oktave höher gespielt werden.

Um den Wechsel zwischen den Stammtönen und dem mittleren „**d**" technisch besser in den Griff zu bekommen, empfehle ich die folgenden Übungen *erst angestoßen* und *dann legato* zu spielen. Besonders schwierig ist es am Anfang, die Töne der unteren Oktave mit dem D der mittleren Oktave homogen zu verbinden. Achte besonders darauf, dass der *Ringfinger* ❸ *der linken Hand* nicht zu spät gedrückt wird, um ungewollte Zwischentöne zu vermeiden. Wiederhole alle Übungen, bis du mit den Oktavwechseln vertraut bist. Lasse den Ansatz dabei unverändert.

Technische Übungen mit Oktavklappe

Achtung:
Takt 2:
„**c**" statt „**cis**"

Achtung:
Takt 7:
„**c**" statt „**cis**"

Achtung:
Takt 20:
„**des**" = „**cis**"

Die Oktavklappe

Oktavklappe
linker Daumen

Das mittlere „e"

Greife das dir bereits bekannte „e" und drücke gleichzeitig mit dem *linken Daumen* die Oktavklappe. Beachte, dass dein *linker Daumen* nicht seine Stützfunktion aufgibt.

Übe den Wechsel *erst angestoßen* und *dann legato*.

E - kein Problem

Die punktierte Halbe

Der Punkt hinter einer Note zeigt an, dass diese Note *um die Hälfte ihres Wertes verlängert* wird. Bei der *punktierten Halben Note* bedeutet das, dass zusätzlich zu den zwei Viertelschlägen noch ein weiterer hinzu kommt ($^1/_2 + ^1/_4$). Das heißt, die punktierte Halbe klingt insgesamt über *drei Schläge*.

Punktierte Halbe Note

Ein Punkt hinter einer Note verlängert diese um die Hälfte ihres ursprünglichen Werts.

Eine punktierte halbe Note erhält also drei Schläge.

Punktierte Halbe:

Im Notenbild könnte das auch mit einem Haltebogen veranschaulicht werden (*vgl. Kasten*).

Spiele die folgenden Übungen mit punktierten Halben und zähle sie sauber aus.

Pointed Out

Eb SAX **16** Bb SAX **60**

Die punktierte Halbe endet immer auf der Zählzeit 4!

Garantiert Saxophon lernen - Lektion 4

¢ Der alla breve-Takt

Das nachfolgende Stück steht im *alla breve-Takt* und basiert auf einem Prélude aus dem *Te Deum* von *Marc-Antoine Charpentier (1643-1704)*, dessen Melodie auch als Indikativ der Eurovisionsübertragungen im Fernsehen bekannt ist.

Der *alla breve-Takt* ¢ entspricht einem $^2/_2$-Takt. Das heißt, als Zählzeit liegen anstatt der Viertel dieser Taktart *Halbe Noten* zugrunde. Diese Art zu zählen, findet vor allem bei schnellen Tempi Anwendung. Übe zunächst langsam (Viertel zählend), dann schneller (Halbe zählend)!

Der Auftakt

Das Prélude startet mit einem Auftakt. Das heißt, das Stück beginnt nicht auf der Zählzeit „1", sondern hier auf der „3". Ein Auftakt ist somit ein unvollständiger Takt, in dem weniger Notenwerte enthalten sind, als in der Taktart vorgegeben.

Prélude aus: Te Deum (Eurovisionsthema) M.-A. Charpentier

„alla breve"
(ital.:
auf kurze Art)

Ab Takt 32 wieder Anfangsthema!

ritardando

Achte auf die Vortragsbezeichnung „rit." in *Takt 43*. Das ist die Abkürzung für „Ritardando" (ital. „verzögernd") und bedeutet: *allmählich langsamer werden*.

Prélude aus: Te Deum

Spielwiese

1. Benenne die folgenden Töne und spiele!

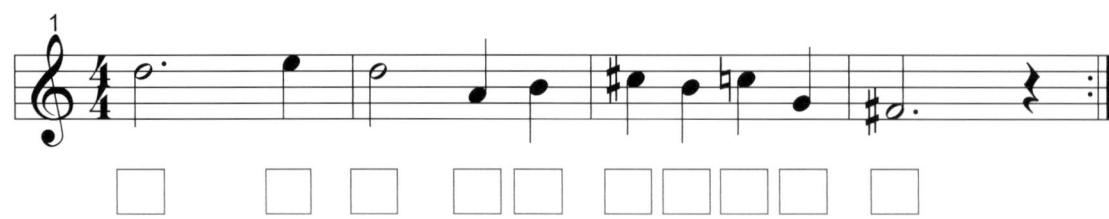

Die Lösungen dieser Aufgaben findest du auf der Internetseite:
www.garantiertsax.de

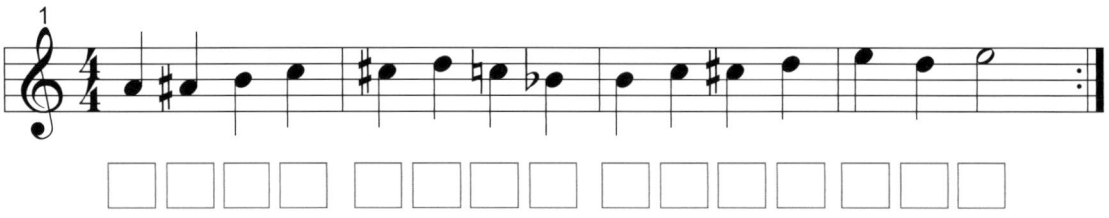

2. Spiele und trage in das Kästchen ein, wieviele Takte insgesamt zu spielen sind! Beachte die Artikulationszeichen!

3. Spiele und kreise alle Töne ein, die du mit Oktavklappe greifst!

Achtung: Takt 3: „des" = „cis"

Garantiert Saxophon lernen - Lektion 4

Lektion 5

Das lernst du:

Grundbegriffe
Die Achtelnote
Die Achtelpause
Die Pentatonik
Eigene Variationsideen
Die punktierte Viertelnote
Synkopen
Dal Segno al Coda
Chromatische Tonleiter
Dur und Moll

Neue Töne
Die Oktavtöne Gis/As, E, Dis/Es

Repertoire
Übungen
Etüden
Syncopation
Blue Mood
Liquid Song
Chrome Funk

♪ Die Achtelnote   ɤ Die Achtelpause

Auch Viertelnoten lassen sich teilen. Du erhältst zwei *Achtelnoten*, die noch einmal um die Hälfte kürzer sind als die Viertel. Die Zählweise mit Zahlen wird jetzt durch ein „**und**" ergänzt.

Optisch unterscheidet sich die Achtel von der Viertelnote darin, dass am Notenhals seitlich ein sogenanntes „*Fähnchen*" angebracht ist. Treten mehrere Achtel nebeneinander auf, kann das Fähnchen durch einen Balken ersetzt werden.

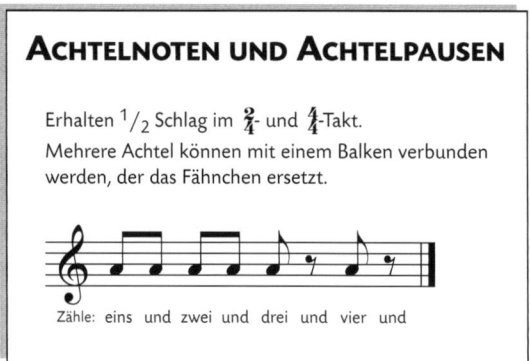

ACHTELNOTEN UND ACHTELPAUSEN

Erhalten $1/2$ Schlag im $2/4$- und $4/4$-Takt.
Mehrere Achtel können mit einem Balken verbunden werden, der das Fähnchen ersetzt.

Zähle: eins und zwei und drei und vier und

Setzt du mit dem Spielen einen *halben Schlag* lang aus, spricht man von einer *Achtelpause*.

Die Rhythmuspyramide

Die *Rhythmuspyramide* zeigt noch einmal das Verhältnis der Achtel zu den anderen Notenwerten. Hier wird der *Prozess des Halbierens der Notenwerte* deutlicher. Um sich den Achtelrhythmus nicht nur theoretisch zu erschließen, braucht man lediglich *das Tempo zu halbieren*, wie die drei folgenden Beispiele anschaulich zeigen:

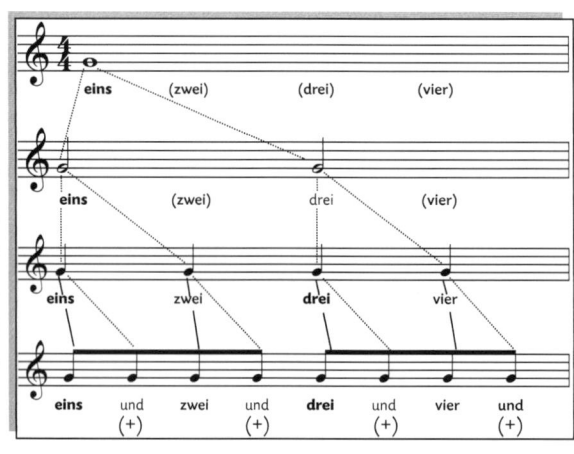

Der $2/4$-Takt

Im Vergleich zum $4/4$-Takt enthält der $2/4$-Takt nur die Hälfte der Viertelnoten. Man zählt: „1 und 2 und".

Von Vierteln zu Achteln

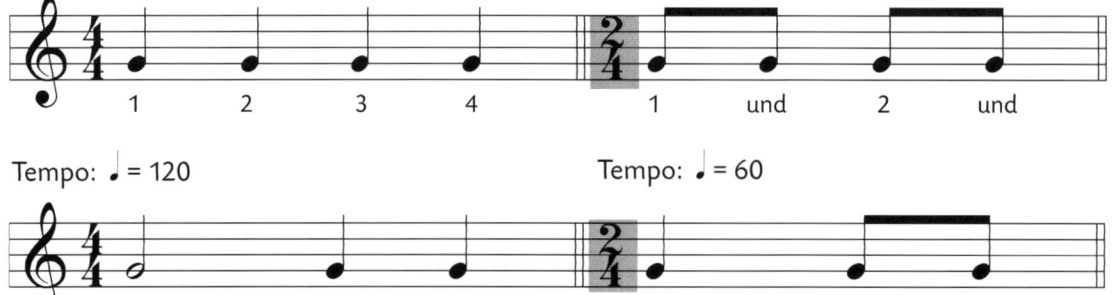

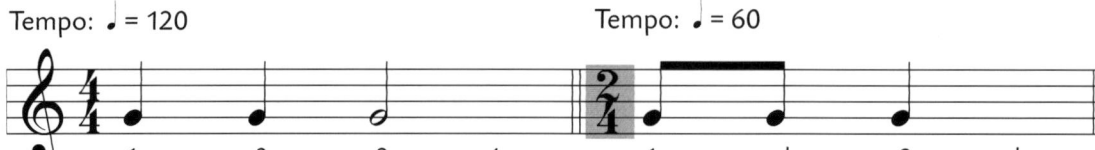

Der jeweils linke Takt enthält 4 Viertelschläge ($4/4$-Takt) im Tempo 120 Schläge pro Minute. Der jeweils rechte Takt enthält 4 Achtelschläge bzw. zwei Viertel ($2/4$-Takt) im Tempo 60. Beide Rhythmen klingen gleich. Probier's auf dem Ton „g" mit Hilfe eines Metronoms oder Drumcomputers aus.

Spiele die folgenden Übungen *langsam*. Erhöhe das Tempo erst, wenn du sicher bist. Vielleicht helfen dir die dummen Sprüche, den Rhythmus schneller zu erfassen!

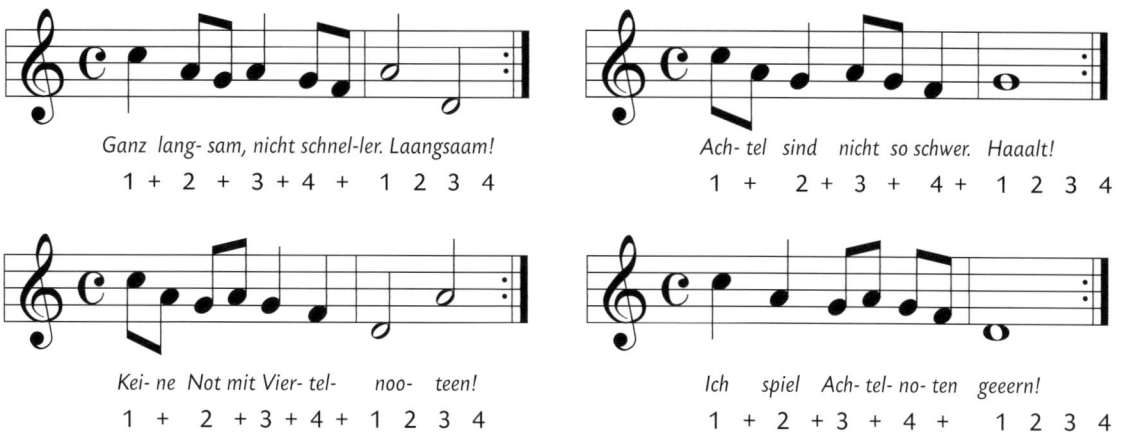

Tragen wir jetzt alle vier Übungen zu einem achttaktigen Stück zusammen.

Eight Bar Song

♩ = 90

Die Pentatonik

Diese Melodie beruht auf einer Tonleiter mit nur fünf Tönen, der sogenannten Pentatonik. Der Begriff Pentatonik leitet sich aus dem griechischen Wort „penta" = *fünf* ab. Egal, welchen der fünf Töne du spielst, sie passen immer gut zusammen. Aus diesem Grunde ist die Pentatonik sehr beliebt für Improvisationen.

PENTATONISCHE TONLEITER

Tonleiter aus fünf Tönen, die sich gut für Variationen und Improvisationen eignet. Hier die D-Moll Pentatonik:

Improvisation

Improvisation bedeutet, spontane Komposition von Musik. Das heißt, du erfindest eine Melodie oder ein ganzes Stück aus dem Stegreif.

Am Beispiel der ersten beiden Takte möchte ich dir eine von vielen Möglichkeiten der Variation der Originalmelodie zeigen. Hier wird nur die Reihenfolge der Noten, nicht aber der Rhythmus verändert:

Original   Variation

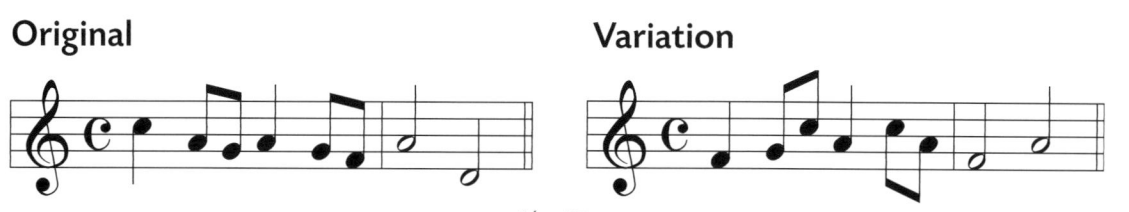

Eigene Variationsideen

Jetzt bist du an der Reihe. Trage deine Variationsideen mit Hilfe der Töne aus der **D-Moll Pentatonik** in die zwei freien Takte ein. Sollte dich „die Muse küssen", sodass dir mehr als nur eine Variationsidee zu den Zweitaktmelodien einfallen, kopiere dir diese Seite mehrmals.

Höre dir zuerst die Originalmelodie gut an. Versuche, sie mitzusingen oder zu summen, bis du ein sicheres Gefühl bezüglich des Rhythmus und der Melodie hast. Spiele die D-Moll Pentatonik mehrfach, bis du sie auswendig kannst. Präge dir den Klang der einzelnen Töne möglichst gut ein. Nun kannst du versuchen, eine eigene Melodie zu singen. Finde mit Hilfe deines Gehörs und des Saxophons heraus, welche Töne du gesungen hast und trage sie in die freien Takte ein. Wenn du nun die Saxophonmelodie des Originals mit dem Balanceregler deiner Stereoanlage ausblendest, kannst du testen, ob die von dir geschriebene Variation deinen Vorstellungen entspricht. Gefallen dir einzelne Töne nicht, tausche sie so lange mit anderen Tönen aus der D-Moll Pentatonik aus, bis es deinem Geschmack entspricht. Vermeide mehrere Sprünge hintereinander, da diese oft sehr sperrig für das Gehör wirken.

Du kannst jede Variation an jeder Stelle des Playbacks platzieren, also auch erst eine einzige Variation mehrfach hintereinander spielen, um sie sicher in die Finger und das Gehör zu bekommen. Der große Vorteil der Pentatonik ist ja gerade, dass alle Töne gut zueinander passen. Harte Dissonanzen zwischen Playback und Melodie werden vermieden.

Der erste Schritt in diese Richtung ist meist der schwerste, da man sich am Anfang einfach noch nicht so recht traut. Überwinde diese Scheu, denn schlimmer, als alle Fehler oder Misstöne, die dir passieren können, ist, wenn du nichts spielst. *Brian Eno* sagte einmal: *„Werte deine Fehler als versteckte Absicht"* oder mit anderen Worten: *Trau dich!*

Trage deine Melodieideen in die freien Takte ein! Verwende nur die Töne: d - f - g - a - c (D-Moll Pentatonik)!

Solltest du Gefallen am Selbstkomponieren gefunden haben, kannst du auch komplett eigene Rhythmen über dieses Playback ausprobieren. Schließe dafür ruhig das Buch, damit du dich ganz auf dein Gehör konzentrieren kannst.

Blende die Saxstimme mit Hilfe des Balancereglers an deiner Stereoanlage aus.

Garantiert Saxophon lernen - Lektion 5

Die punktierte Viertelnote

Punktierte Halbe Noten haben wir bereits kennengelernt *(vgl. S. 48)*. Erinnere dich: *Der Punkt hinter einer Note verlängert sie um die Hälfte ihres Wertes*. Dies gilt natürlich auch für die Viertelnoten:

$1/4 + 1/8$ ergeben zusammen eine $3/8$ Notenlänge. Um die Taktmitte für den Musiker sichtbar zu machen, werden Noten, die über die Taktmitte gehen, mit einer Achtelnote und einem Haltebogen verlängert.

Eine *punktierte Viertelnote* hat denselben Wert wie eine Viertel, die an eine Achtel angebunden wird oder umgekehrt.

Punktierte Viertelnote

Im $2/4$-, und $4/4$-Takt erhält eine punktierte Viertel $1\,1/2$ Schläge.

Punktierte Viertel:

Spiele die folgenden Beispiele zu Playback oder Metronom.

Linker Takt:
$4/4$-Takt
Tempo 120
Rechter Takt:
$2/4$-Takt
Tempo 60

Die Synkope

Im nächsten Beispiel 1 wird nur die erste Achtel auf den Schlag gespielt. Sowohl die nachfolgende Viertel als auch die zweite Achtel beginnen auf den unbetonten Zählzeiten „1und" sowie „2und". Die Zählzeit „2" erhält keinen Ton. Man spricht hier von einer *Synkope*, da die Melodie gegen die Taktbetonung gespielt wird. Auch die Beispiele 4 und 5 sind Synkopen, da sie die betonte Zählzeit „3" überbinden.

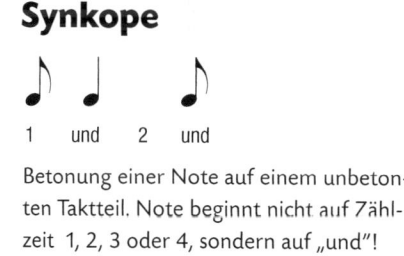

Betonung einer Note auf einem unbetonten Taktteil. Note beginnt nicht auf Zählzeit 1, 2, 3 oder 4, sondern auf „und"!

Synkopen stehen im Vordergrund des nächsten Stücks „Syncopation". Aber zunächst wollen wir uns die zweitaktigen Melodiefiguren einzeln erarbeiten. Probiere auch hier wieder die vier zweitaktigen Rhythmen des Originals mit eigenen Variationen aus. Auch diese Melodie ist auf der D-Moll Pentatonik aufgebaut.

Takt 1-2

1 + 2 +   3 + 4 +   1 + 2 +   3 + 4 +

Takt 3-4

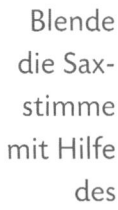

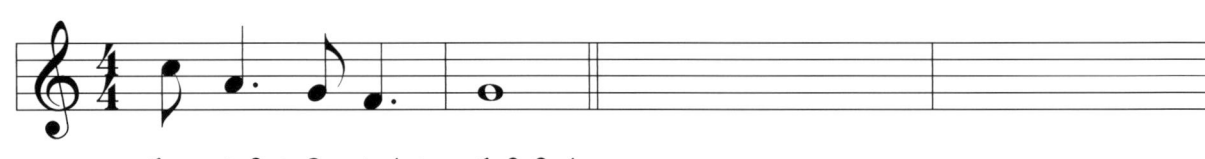

1   + 2 + 3   + 4 +   1 2 3 4

Blende die Saxstimme mit Hilfe des Balancereglers an deiner Stereoanlage aus.

Takt 5-6

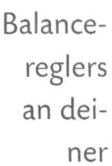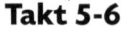

1   + 2 + 3 + 4 + 1 & 2   +   3 + 4 +

Takt 7-8

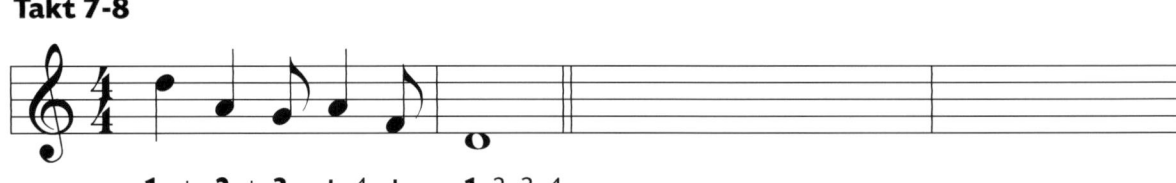

1 + 2 + 3   + 4 +   1 2 3 4

Trage jetzt alle vier zweitaktigen Melodien zu unserem Stück „Syncopation" zusammen.

Syncopation

♩ = 90

Garantiert Saxophon lernen - Lektion 5

Die Töne „gis" (G♯) und „as" (A♭)

Griffweise und Klang der Töne „**gis**" und „**as**" sind auf dem Saxophon gleich. Die linke Hand greift mit *Zeige-, Mittel-* und *Ringfinger* sowie mit dem *kleinen Finger* auf der *oberen halbrunden Klappe* (*vgl. Foto*).

Übe zunächst mit langen Tönen.

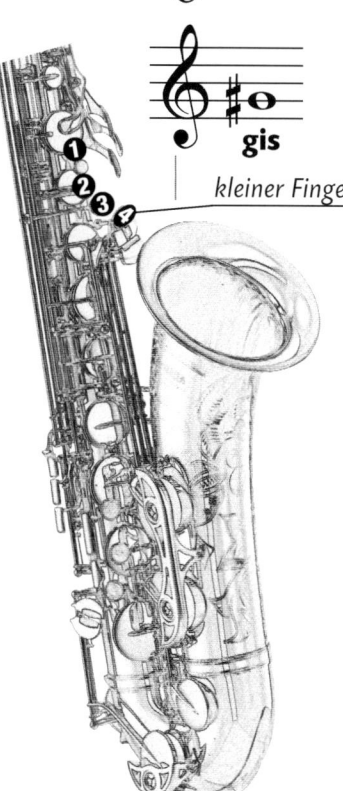

kleiner Finger

Gis-Klappe

gis-Klappe gedrückt halten

Alle Töne, die unter dem gis (as) liegen, schließen die gis-Klappe automatisch. Deshalb kann die gis-Klappe gedrückt bleiben.

Dal Segno al Coda

Die Abkürzung **D.S. al Coda** (*Dal Segno al Coda*) ist eine differenzierte Wiederholungsanweisung. Sie zeigt nicht nur an, von welcher Stelle an wiederholt werden soll, sondern auch bis zu welcher Stelle weitergespielt wird. Der Ablauf wäre also wie folgt:

Vom Zeichen 𝄋 bis zum Kopfzeichen ⊕. Von da springst du in die *Coda*, die ebenfalls mit einem Kopfzeichen ⊕ gekennzeichnet ist.

Das hört sich komplizierter an, als es ist. Diese gängige Schreibweise ermöglicht, einen beliebigen Ausschnitt eines Werkes mitten im Stück noch einmal zu spielen, ohne ihn erneut aufschreiben zu müssen. Das spart natürlich Platz.

Um mit diesen Sprunganweisungen besser zurecht zu kommen, empfehle ich, das folgende Stück „*Blue Mood*" erst mehrmals anzuhören und den Verlauf der Melodie mit dem Finger auf den Noten mitzulesen. Versuche dabei, mit den Augen immer schon ein wenig vor der gerade gespielten Note zu sein, damit du die Einsätze findest.

D.S. = vom Zeichen
Segno = Zeichen
Coda = Schwanz
𝄋 = Kopfzeichen

Blue Mood

𝄋 = Wiederholung von hier bis zum Kopf ⊕ in die Coda (s.u.)!

Coda ⊕ Coda

D.S. al Coda

Eigene Artikulationszeichen

Der Song *Blue Mood* enthält viele Artikulationszeichen (*Legatobögen, kurze und lange Akzente und Tenutostriche*). Du kannst der Melodie durch die musikalische Aussprache (Artikulation) aber auch deine eigene Note geben.

Trage in die Melodie deine eigenen Artikulationszeichen ein. Am besten singst du vorher die Melodie in der von dir gewünschten Artikulation und trägst sie dann ein. Blende dafür die Originalmelodie wieder mittels Balanceregler an der Stereoanlage aus.

Garantiert Saxophon lernen - Lektion 5

Blue Mood (zum Eintragen eigener Artikulationszeichen)

D.S. al Coda

Coda

Trage deine eigenen Artikulationszeichen ein (*Legatobögen, kurze und lange Akzente, Tenutostriche*)!

Blende die Saxstimme mit Hilfe des Balancereglers an deiner Stereoanlage aus.

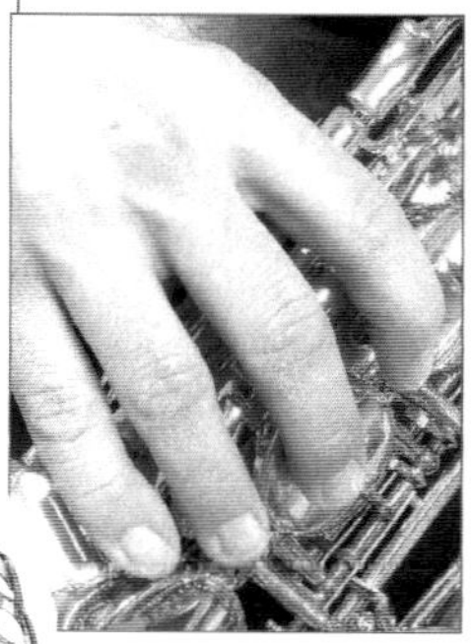

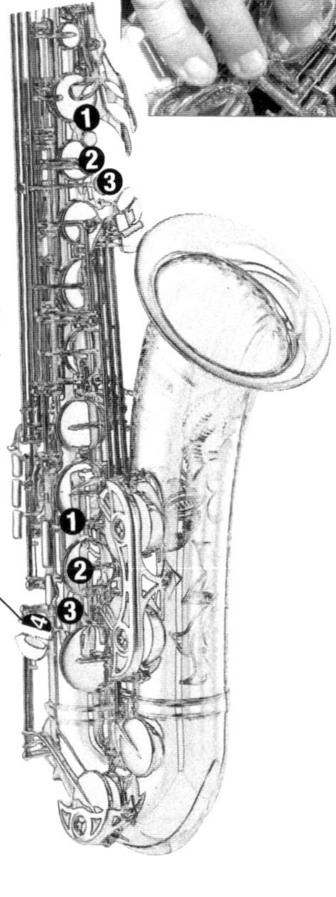

Die Töne „dis" (D♯) und „es" (E♭)

Für den Griff der Töne „**dis**" und „**es**" benötigen wir wieder beide Hände. Die linke Hand greift mit *Zeige-, Mittel-* und *Ringfinger* und die rechte Hand greift zusätzlich zu *Zeige-, Mittel-* und *Ringfinger* mit dem *kleinen Finger* auf der *oberen halbrunden Klappe*.

Übe zunächst mit langen Tönen.

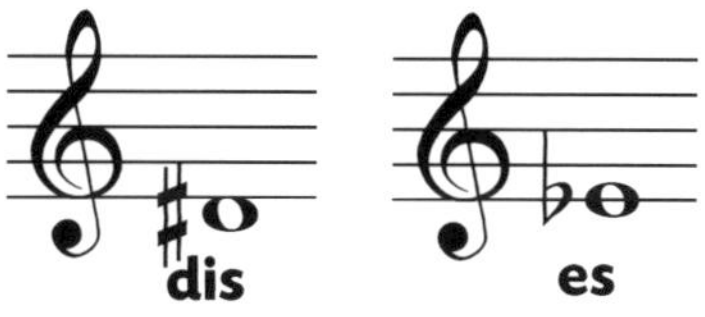

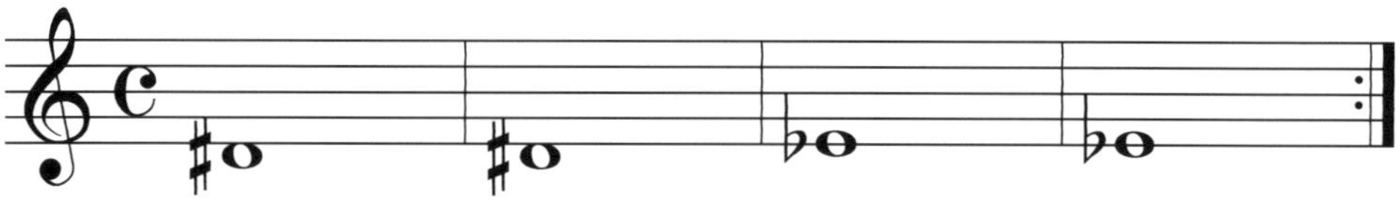

kleiner Finger

Die Töne dis und es

Und jetzt in einer Viertel- und Achtelmelodie. Beachte die Vorzeichen, vor allem im Übergang von Takt 2 nach Takt 3: Dort gilt weiterhin der Ton „**es**" (*Haltebogen*)!

Fermate

Ruhezeichen (*ital.: fermata = Ruhepunkt*) zeigt an, dass die bezeichnete Note über ihren Notenwert hinaus ausgehalten werden soll (*vgl. S. 45*).

Im *Liquid Song* sind wiederum Artikulationszeichen vorgegeben. Sie sind lediglich als Vorschlag zu verstehen. Du kannst sie nach deinem persönlichen musikalischen Geschmack verändern. Beachte auch die *Fermate* () über der letzten Note. Sie zeigt an, dass der Ton länger ausgehalten werden soll, als sein eigentlicher Notenwert vorgibt (*vgl. S. 45*).

Liquid Song

Vorzeichen behalten bis zum Ende des Taktes ihre Gültigkeit.

Achtung: Fermate

Die chromatische Tonleiter

Mit den Tönen „**dis**" und „**es**" kennen wir nun alle Noten innerhalb der unteren Oktave zwischen dem tiefen „**d**" und dem mittleren „**d**" (D mit Oktavklappe). Dies entspricht allen Tönen, die innerhalb dieser Oktave spielbar sind.

Ordnet man alle Töne dieser Oktave in ihrer Reihenfolge von unten nach oben, erhält man eine symmetrische Tonleiter, die den Oktavraum in zwölf Halbtonschritte unterteilt, die *chromatische Tonleiter* (ital.: *chroma = Farbe*):

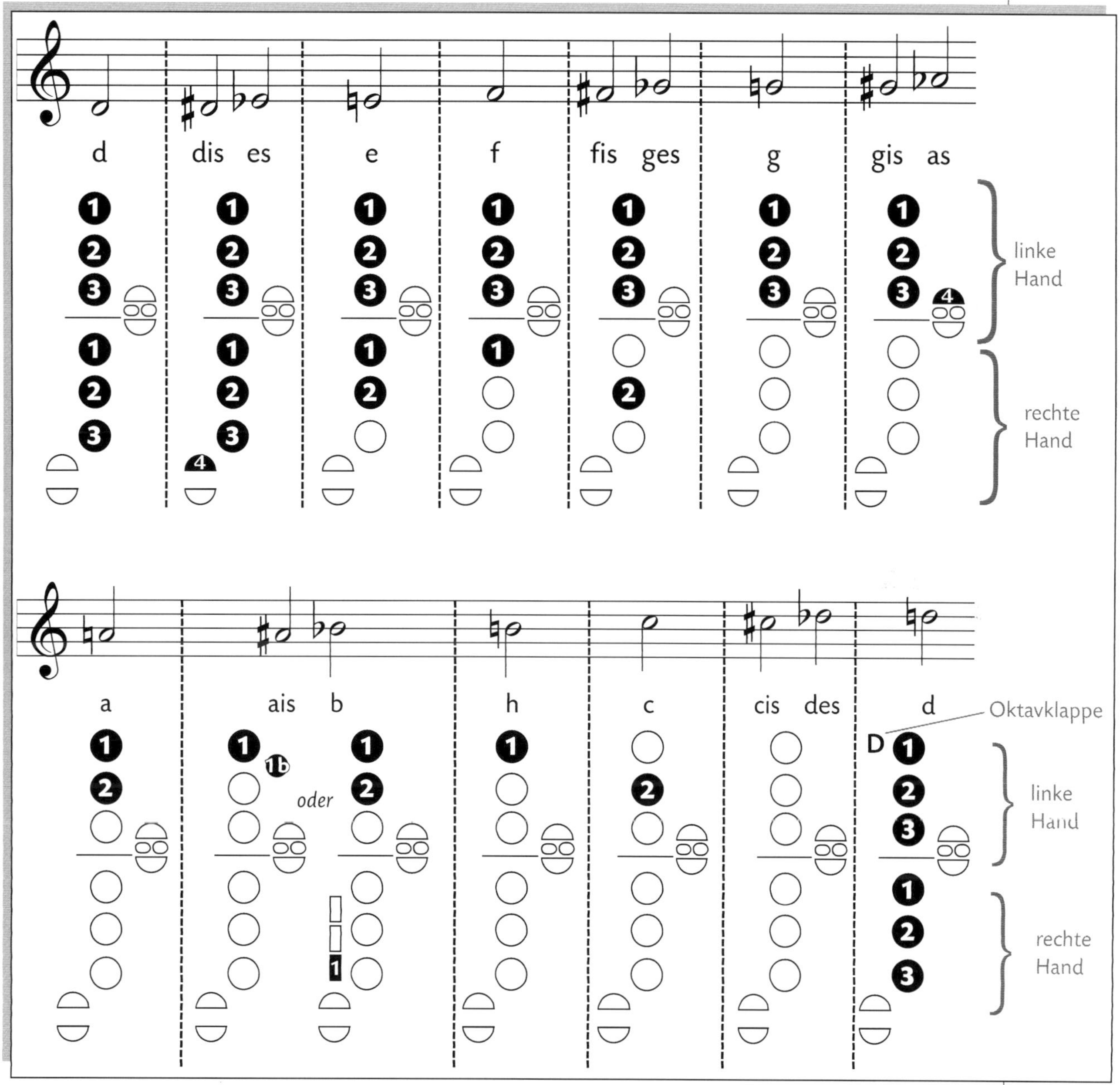

Halbtonschritt = kleinster Tonabstand in der Musik

Die folgenden Übungen sind mit Tönen der *chromatischen Tonleiter* aufbereitet. Jede Übung wiederholt einen Ausschnitt als Endlosschleife, um deine Fingerfertigkeit zu erhöhen. Dies ist insofern wichtig, als gerade die *chromatischen Töne* (*Halbtöne*) häufig als Verbindungsmittel zwischen zwei Melodietönen auftauchen und in der Regel recht zügig ausgeführt werden müssen. Du kannst sie sowohl *angestoßen* als auch *legato* üben. Da alle Übungen klanglich eher eintönig wirken, kann man diese Übung auch auf mehrere Male aufteilen. Auch als *Warm-Up* (*Warmspielübung*) vor dem eigentlichen Üben eines Titels eignet sie sich bestens. Setze die nachfolgenden Töne weiter nach oben fort.

Hier die chromatische Tonleiter *aufwärts mit Kreuzen* (♯) und *abwärts mit b-Vorzeichen* (♭).

Chromatic Song

Bei der chromatischen Tonleiter sollte ausschließlich das *Seiten-B/Ais* verwendet werden.

Viele der gelernten Töne aus der chromatischen Tonleiter kannst du im nächsten Song wiederfinden. Auch etliche *Synkopen* tummeln sich darin, was für einen Soul-Funk charakteristisch ist. Das Thema lehnt sich ein wenig an *Blue Mood* (vgl. S. 58) an, ist aber in der Melodiegestaltung mit mehr chromatischen Durchgangsnoten ausgestattet.

Chrome Funk

Dur und Moll - ein wenig Musiktheorie

Tonleitern sind gerade für Bläser äußerst wichtig. Nicht nur, dass sie das geeignete Material für die Ausbildung technischer Fingerfertigkeit darstellen, sondern vor allem, da sie das Tonmaterial zur Verfügung stellen, das jedes Melodieinstrument zur Improvisation und Variation benötigt.

In der Musik wird eine Tonleiter auch als „Skala" (*engl.: „scale"*) bezeichnet. Die meisten Tonleitern bestehen aus *sieben* unterschiedlichen Tönen pro Oktave.

Dur- und reine Molltonleitern bestehen aus *fünf Ganztonschritten* (1 Ganztonschritt = 2 Halbtonschritte) und *zwei Halbtonschritten* (= der kleinste musikalische Abstand).

Dur

C-Dur Tonleiter

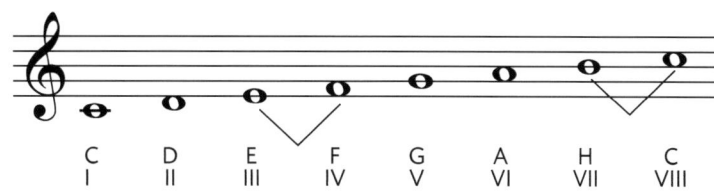

In *jeder* Dur-Tonleiter befindet sich *zwischen* der **3. und 4. Stufe** *und* der **7. und 8. Stufe** ein *Halbtonschritt*. Alle anderen Intervalle sind *Ganztöne*. Startet man ein solches Muster aus Ganz- und Halbtönen auf einem anderen Ton als C, benötigt man die *Versetzungszeichen*, um das gleiche Muster aus fünf Ganzton- und zwei Halbtonschritten herzustellen (*vgl. S. 70 ff*).

Dur-Tonleiter: Halbtonschritte immer *zwischen* 3. und 4. Ton und 7. und 8. Ton

Reines Moll

a-moll Tonleiter

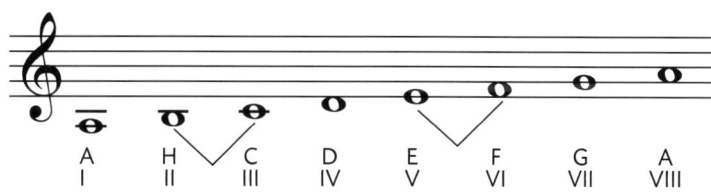

In *jeder* reinen Moll-Tonleiter befinden sich die *Halbtonschritte zwischen* der **2. und 3. Stufe** und der **5. und 6. Stufe**. In A-moll stimmen die natürlichen Halbtonschritte (h-c und e-f) mit diesem Muster überein, sodass *keine Versetzungszeichen* benötigt werden.

Reine Moll-Tonleiter: Halbtonschritte immer *zwischen* 2. und 3. Ton sowie 5. und 6. Ton

Die parallele Dur- bzw. Moll-Tonleiter

Das gilt auch für die C-Dur Tonleiter. Beide Tonleitern - C-Dur und A-moll - bestehen aus den gleichen Tönen. Der einzige Unterschied besteht in ihrer unterschiedlichen Reihenfolge der Töne. C-Dur beginnt mit dem Ton C, A-moll mit dem Ton A. Man spricht deshalb auch von einer *parallelen* Dur- oder Moll-Tonleiter.

Da innerhalb jeder Oktave zwölf Töne enthalten sind, ist es möglich - von jedem der zwölf Töne aus - *zwölf* verschiedene Moll- und Dur-Tonleitern aufzubauen. Dazu später mehr!

Die Tonart-Vorzeichen

Um anzuzeigen, in welcher Dur- oder Moll-Tonleiter ein Musikstück steht, werden die dazugehörigen *Vorzeichen am Zeilenanfang* zwischen dem Notenschlüssel und der Taktart platziert. Zwei Kreuze (Fis und Cis) bedeuten z.B. D-Dur oder h-moll (parallele Moll-Tonart). In der Regel gelten diese Versetzungszeichen - anders als im einzelnen Takt auftauchende Vorzeichen – das *ganze Stück lang* und in jeder Oktave, solange, bis sie durch andere ersetzt werden.

Diese werden im sogenannten *Quintenzirkel* dargestellt:

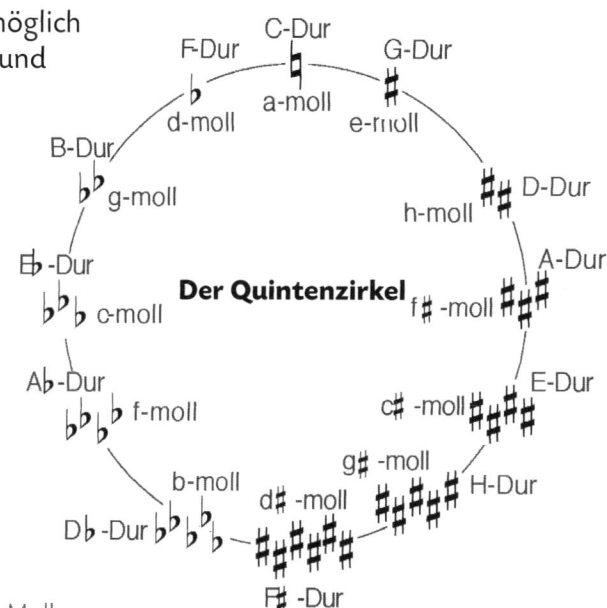

Dur und Moll

Spielwiese

1. Trage die Zahlen der greifenden Finger ein und benenne den Ton!

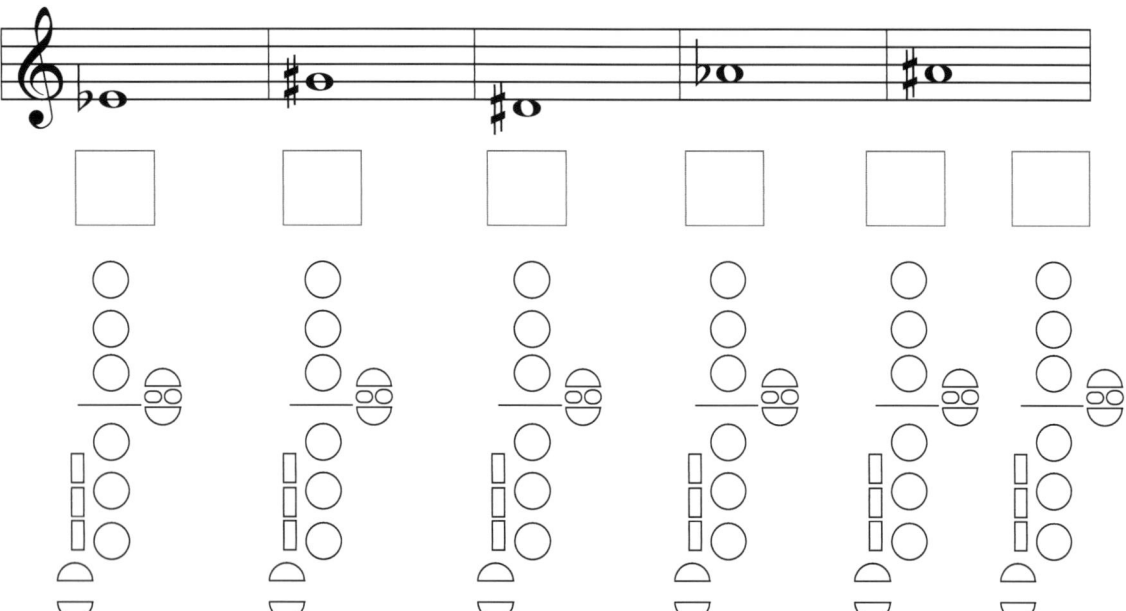

Die Lösungen dieser Aufgaben findest du auf der Internetseite: *www.garantiertsax.de*

2. Spiele folgende chromatische Übung in *langsamem* Tempo! Erhöhe dein Tempo erst, wenn du sie in langsamem Tempo sicher beherrschst!

3. Vergleiche die Anzahl der Vorzeichen mit dem *Quintenzirkel auf S. 63* und trage die Dur- und die parallele Moll-Tonart in die Kästchen ein!

Garantiert Saxophon lernen - Lektion 5

Lektion 6

Das lernst du:

Grundbegriffe
Der ³/₄-Takt
Mehrtaktige Pause
Das Intro
Die G-Dur und E-Moll Tonleiter
Die F-Dur und D-Moll Tonleiter

Neue Töne
Die Oktavtöne Dis/Es, F, G, A, Fis/Ges, Ais/B

Repertoire
Übungen
Walzer
Geburtstagslied
Alle Jahre wieder
Stille Nacht
Banana Boat Song

Die nächste Übung soll dich mit den neuen Griffen weiter vertraut machen. Spiele sie auch legato, um dich selbst zu kontrollieren, wie sauber die Griffwechsel bereits vonstatten gehen.

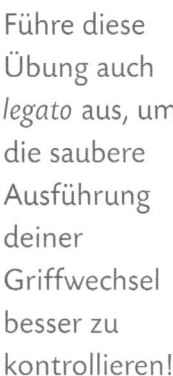

Führe diese Übung auch *legato* aus, um die saubere Ausführung deiner Griffwechsel besser zu kontrollieren!

Der ¾-Takt

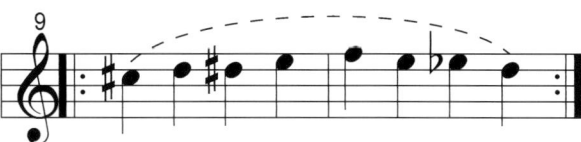

Jetzt solltest du fit sein für den nächsten Song, einen Walzer im ¾-Takt, der zu den *ungeraden Taktarten* gehört. Innerhalb eines Taktes befinden sich nur *drei Viertelschläge*, von denen der erste *betont* wird. Man zählt also: „**1** und 2 und 3 und"!

Da der ¾-Takt nur drei Zählzeiten pro Takt enthält, findet man dort auch keine Ganzen Noten. Eine *punktierte Halbe* füllt bereits den gesamten Takt aus.

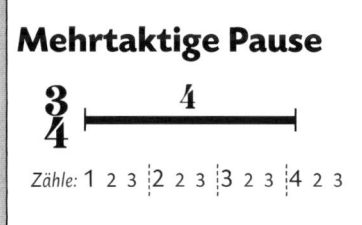

Die ersten vier Takte stehen für das *Intro* des CD-Playbacks. Dein Einsatz erfolgt erst in *Takt 5*! Diese ersten vier Takte sind durch eine *mehrtaktige Pause* gekennzeichnet; eine platzsparende Schreibweise, die mehrere Pausentakte zu einem Takt zusammenfügt. Die gesamte Anzahl der Pausentakte gibt die darüber stehende Zahl an.

Das Intro

Das Intro bedeutet Einleitung. Es gibt dir Gelegenheit, dich auf das Stück einzustimmen. In der Regel besteht ein Intro aus wenigen Takten, die den Rhythmus, die Tonart und manchmal auch einen Teil des Stückes instrumental vorstellen. Es gibt dir Zeit, dich in das Stück einzufinden und den Melodieanfang innerlich vorauszuhören.

Conny's Waltz

Das hohe „g"

Auch das hohe „g" unterscheidet sich in seiner Griffweise von dem „g" der unteren Oktave nur durch die gedrückte *Oktavklappe*.

Oktavklappe
linker Daumen

Achtung, Auftakt in Übung 2! Setze erst auf der Zählzeit „3" mit den ersten beiden Achteln ein (*vgl. S. 49*)!

Der folgende Song gehört zu den meist gespielten der Welt. Fast überall auf der Welt kommt er in landesüblicher Sprache mit einem eigenen Text zur Aufführung, um Verwandten, Freunden oder Bekannten zum Geburtstag zu gratulieren. Du wirst die Melodie auf Anhieb erkennen.

Die Melodie steht im ¾-Takt und beginnt mit einem Auftakt aus Achtelnoten. Starte also erst auf der Zählzeit „**3**"! Man kann sie aber auch im 4/4-Takt spielen. Probiere beide Versionen.

Geburtstagslied im ¾-Takt

3 und   1   2   3   1   2   3 und   1   2   3   1   2   3 und etc.

Geburtstagslied im 4/4-Takt

4 und   1   2   3   4   1   2   3   4 und   1   2   3   4   1   2   3   4 und etc.

Hilfslinien

Mit Hilfslinien kann das Notensystem sowohl *nach unten* als auch *nach oben* erweitert werden.

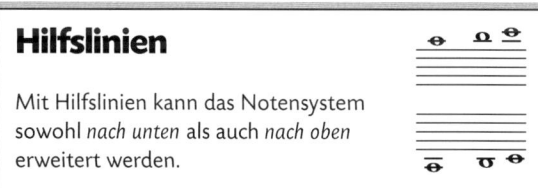

Oktavklappe
linker Daumen

Das hohe „a"

Auch das hohe „**a**" unterscheidet sich in seiner Griffweise von dem „**a**" der unteren Oktave nur durch die gedrückte *Oktavklappe*. Es wird oberhalb der oberen Notenlinie mit einer Hilfslinie notiert.

Der Oktavton a

Oktavklappe
linker Daumen

Das mittlere „fis" (F♯) und „ges" (G♭)

Auch die Oktavtöne „**fis**" und „**ges**" lassen sich einfach herleiten.

Der Griff für die Oktavtöne „**fis**" und „**ges**" verwendet ebenfalls die *Oktavklappe*.

Die G-Dur und E-Moll Tonleiter

Dur-Tonleiter:
Halbtonschritte
immer
zwischen
3. und 4. Ton
und
7. und 8. Ton

Reine Moll-Tonleiter:
Halbtonschritte
immer
zwischen
2. und 3. Ton
und
5. und 6. Ton

G-Dur/E-Moll:
Halbtonschritte
zwischen
„h" - „c" und
„fis" - „g".

Achtung!
„f" = „fis"!

Auf *S. 63* haben wir bereits den Aufbau der Dur- und der reinen Moll-Tonleitern besprochen. Zu jeder Dur-gehört eine sogenannte *parallele Moll-Tonleiter*, die sich aus demselben Tonmaterial zusammensetzt. Hier G-Dur und E-Moll. Beide haben die gleichen Vorzeichen (ein ♯), starten aber auf unterschiedlichen Grundtönen. Daher verschiebt sich auch das Muster aus Halb- und Ganztönen, sodass in beiden Tonleitern statt des „f" immer ein „**fis**" gespielt werden muss. Um dies kenntlich zu machen, steht zwischen dem Notenschlüssel und der Taktbezeichnung ein Kreuz (♯) auf der oberen Linie im Notensystem. Jedes „f", das in einem solchen Stück vorkommt, wird als „**fis**" gespielt. Dies gilt - anders als bei den Versetzungszeichen in einzelnen Takten (*vgl. S. 40ff.*) - *für alle Oktaven* und *über die Taktstriche* hinweg.

Tonart Dauervorzeichen

Gibt an, welche Noten erhöht oder erniedrigt werden. Alle „F"s sind in G-Dur und der parallelen Molltonart E-Moll durchgehend als F♯ zu spielen.

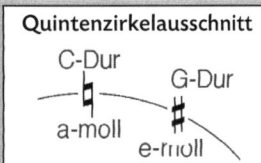

G-Dur Tonleiter

g a h c d e **fis** g

E-Moll Tonleiter

e **fis** g a h c d e

G-Dur Tonleiter auf- und abwärts

Achtung!
„f" = „fis"!

Spiele die Tonleiterübungen auch in verschiedenen Artikulationen. Versuche sie auch, auswendig zu spielen. Kontrolliere nach dem Gehör!

Der Weihnachtsklassiker *Alle Jahre wieder* steht in G-Dur. Jedes „**f**" in diesem Stück wird also als „**fis**" gespielt. Die Melodie erscheint zwei Mal, wobei der zweite Durchgang rhythmisch etwas variiert wird.

Alle Jahre wieder
Traditional

Die F-Dur- und D-Moll-Tonleiter

F-Dur/D-Moll: Halbtonschritte immer zwischen „e" - „f" und „a" - „b".

F-Dur und D-Moll haben ebenfalls nur ein Vorzeichen. Allerdings verlangt die Halbton-Ganzton-Struktur hier, dass in F-Dur der 4. Ton und in D-Moll der 6. Ton mit einem ♭ erniedrigt wird.

Tonart Dauervorzeichen

Gibt an, welche Noten erhöht oder erniedrigt werden. Alle „h"s sind in F-Dur und D-Moll durchgehend als „b"s zu spielen.

Beide haben die gleichen Vorzeichen (ein ♭), starten aber auf unterschiedlichen Grundtönen. Das bedeutet, dass in beiden Tonleitern aus dem Ton „h" ein „b" wird.

Um dies kenntlich zu machen, steht zwischen dem Notenschlüssel und der Taktbezeichnung ein ♭ auf der *mittleren Linie* im Notensystem. Jedes „h", das in einem solchen Stück vorkommt, wird als „b" gespielt. Dies gilt auch hier *für alle Oktaven* und *über die Taktstriche* hinweg.

Quintenzirkelausschnitt

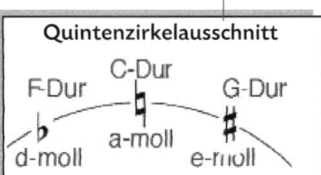

Achtung! „h" = „b"!

F-Dur Tonleiter auf- und abwärts

f g a **b** c d e f e d c **b** a g f

D-Moll Tonleiter auf- und abwärts

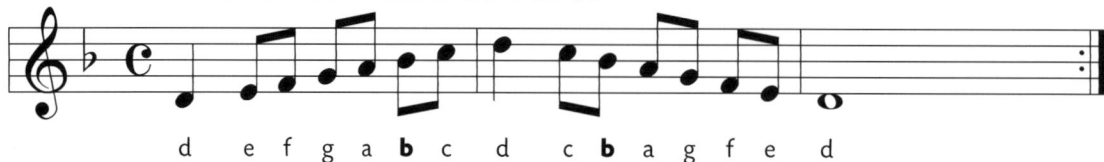

d e f g a **b** c d c **b** a g f e d

Garantiert Saxophon lernen - Lektion 6

F-Dur Übung 1

Achtung!
„h" = „b"!

F-Dur Übung 2

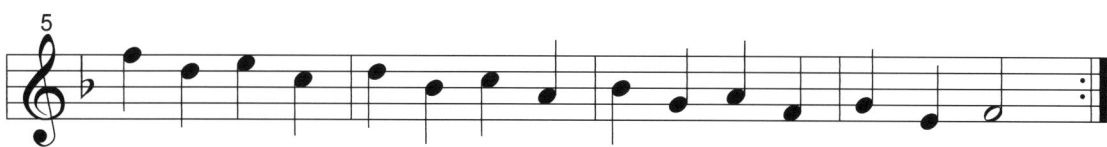

D-Moll Übung 1

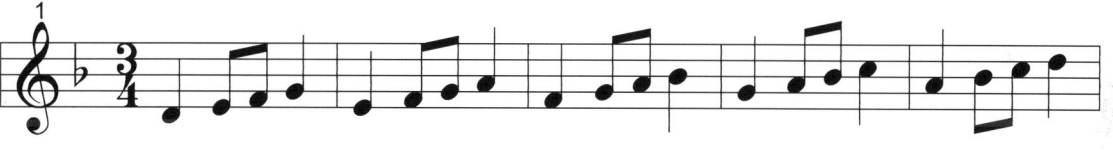

D-Moll Übung 2

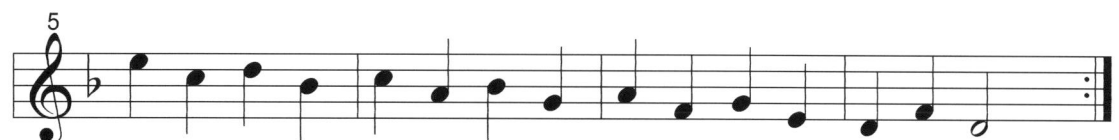

Die F-Dur und D-Moll Tonleiter

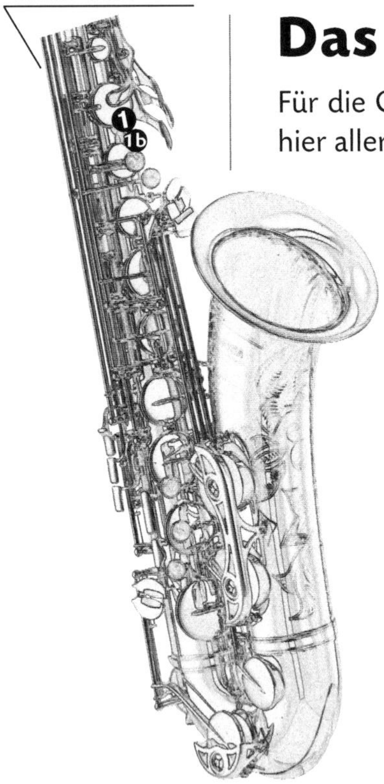

Oktavklappe
linker Daumen

Das hohe „ais" (A♯) und „b" (♭)

Für die Oktavtöne „**ais**" und „**b**" gibt es wie in der unteren Oktave zwei Griffvarianten, hier allerdings mit *Oktavklappe*.

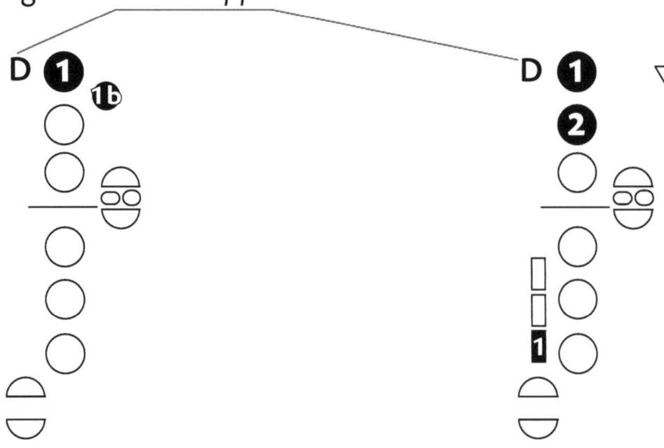

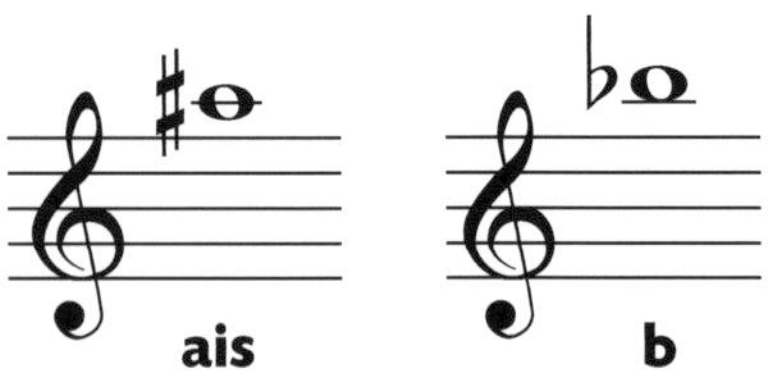

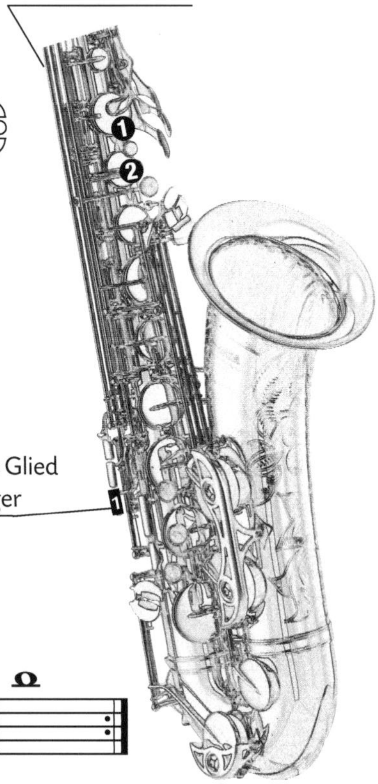

Oktavklappe
linker Daumen

unterstes Glied
Zeigefinger

ais   b

Beachte das
♭-Vorzeichen

1

2

Die Melodie von *Stille Nacht* steht in F-Dur und reicht in der Höhe bis zum hohen „**b**". Achte also darauf, dass jedes „**h**" als „**b**" gespielt wird. Spiele bis in die erste Wiederholungsklammer (*Haus 1*), beginne wieder von vorn, springe von *Haus 1* zu *Haus 2* und spiele bis zum Ende.

Stille Nacht

Text: Joseph Mohr (1818) Musik: Franz Gruber (1818)

Übe beide Griffvarianten für „b"!

Der *Banana Boat Song* ist ein sogenannter *Calypso*, ein sehr lebendiger Musikstil aus der Karibik. Da viele Melodieteile wiederholt werden, musst du diesmal gleich drei Mal mit *Haus 1* (*Klammer 1*) und *Haus 2* (*Klammer 2*) zurecht kommen. Spiele also immer bis *Klammer 1*, wiederhole vom letzten vorangegangenen Wiederholungszeichen und springe in *Klammer 2*. Ist dir das noch zu unübersichtlich, kannst du dir zunächst das Playback auf der CD anhören und den Verlauf mit dem Finger verfolgen.

Banana Boat Song

Calypso aus der Karibik

G-Dur: f = fis

Das hohe ais und b

Spielwiese

1. |——— 8 ———| Im wievielten Takt nach der mehrtaktigen Pause sollst du beginnen?

2. Trage in das Kästchen ein, welcher Ton erhöht bzw. erniedrigt wird?

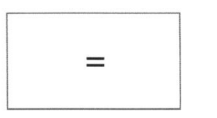 =    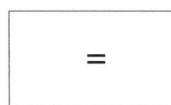 =

3. Um welche Tonart handelt es sich? Kreuze die richtige Lösung an!

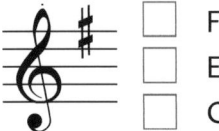
- ☐ F-Dur
- ☐ E-Moll
- ☐ C-Dur

- ☐ G-Dur
- ☐ A-Moll
- ☐ F-Dur

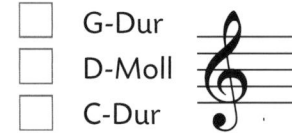
- ☐ G-Dur
- ☐ D-Moll
- ☐ C-Dur

Die Lösungen dieser Aufgaben findest du auf der Internetseite: *www.garantiertsax.de*

4. Trage die greifenden Finger ein und benenne den Ton!

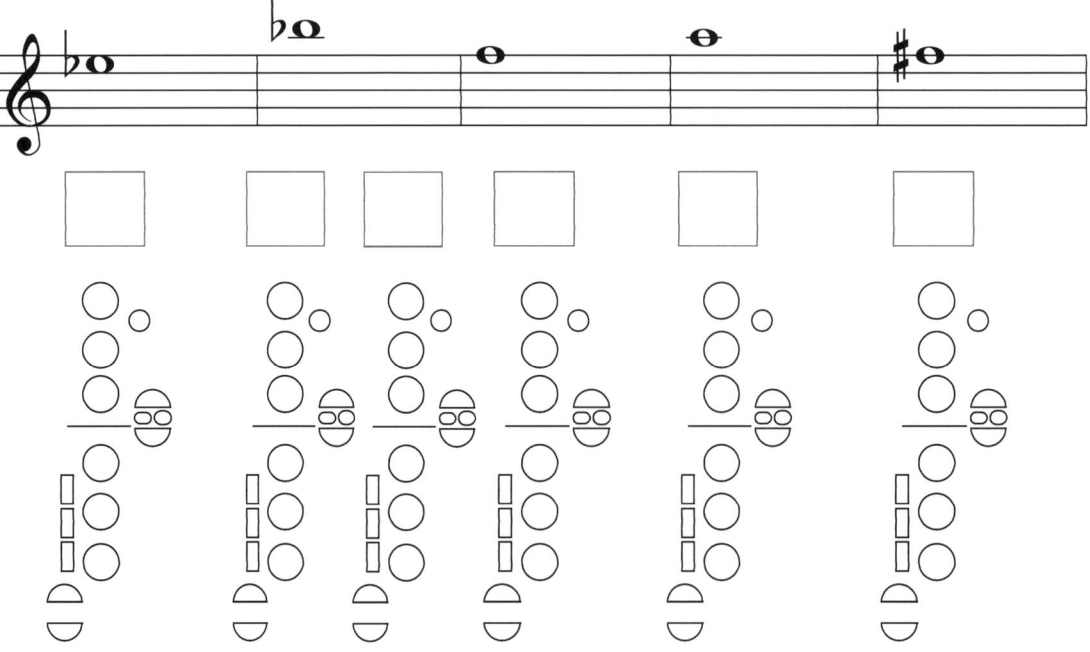

Garantiert Saxophon lernen - Lektion 6

Lektion 7

Das lernst du:

Grundbegriffe
Improvisation mit der Blues Tonleiter
Blue Note
Blues Licks
Die B-Dur und G-Moll Tonleiter
Die D-Dur und H-Moll Tonleiter
Transponieren
Intervalle
Die Es-Dur und C-Moll Tonleiter
Die A-Dur und Fis-Moll Tonleiter
Die Achteltriole

Neue Töne
Die Oktavtöne C, H, Gis/As

Repertoire
Übungen
Blues Licks
Auld Lang Syne
When The Saints ...
Lovesong (Aura Lee)
Amazing Grace
Clementine

Improvisation mit der Blues-Tonleiter

Die Blue Note

Schaue dir noch einmal die D-Moll Pentatonik *(vgl. S. 53ff.)* an:

Fügst du einen Halbton zwischen den Tönen „g" und „a", die sogenannte *„Blue Note"*, hinzu, erhältst du die sogenannte *Blues-Tonleiter* in D.

Ganz egal, in welcher Tonart, die *Blue Note* befindet sich immer auf der erniedrigten fünften Stufe (♭5, hier der Ton „as") bzw. der erhöhten vierten Stufe (♯4, hier „gis"). Diese Blue Note sollte sich möglichst mit einem Halbtonschritt *nach oben* zum „a" oder *nach unten* zum „g" auflösen, da sie als ausgehaltener Melodieton große Reibung erzeugt *(Dissonanz)*. Nur mit dieser Blue Note stellen sich der nötige Charakter einer Bluesmelodie und das gewisse „Bluesfeeling" ein.

Blue Note = Halbtonschritt zwischen 4. und 5. Ton der Pentatonik. Sie wird immer einen Halbton nach unten oder oben aufgelöst.

Blues Licks

Viele Bluesmelodien oder -soli werden aus sogennanten *Blues Licks* aufgebaut. Das sind kleine Bausteine, meist zweitaktige Melodiefragmente, die sich beliebig variieren lassen.

Zehn solcher typischen Blues Licks habe ich dir aufgeschrieben. Du kannst sie in beliebiger Reihenfolge zu einem eigenen Solo zusammensetzen. Wiederhole schon einmal gespielte Licks ruhig auch an anderen Stellen deines Solos. An einer anderen Stelle gespielt ergeben sie - zusammen mit dem Playback - einen neuen Klangcharakter, bewahren dem Zuhörer aber trotzdem einen Wiedererkennungswert. Zu viele unterschiedliche Licks hintereinander wirken auf den Zuhörer eher verwirrend. In manchen Licks habe ich die Töne „e" und „fis" verwendet. Sie sind zwar nicht in dieser D-Bluestonleiter enthalten, klingen aber im Zusammenhang als Durchgangstöne sehr gut.

Übe zunächst diese Licks einzeln, bis du sie beherrschst. Dann kannst du eine von dir gewählte Reihenfolge notieren und über das Playback spielen. Blende dafür mit dem Balanceregler deiner Stereoanlage die Melodiestimme aus.

Blues Lick-Variationen

Nutze die geübten Blues Licks auch als Vorlage für eigene Variationen! Gehe nach derselben Methode vor, wie du sie schon auf den *Seiten 54/56* kennengelernt hast. Benutze dafür nur Töne aus der Bluestonleiter in D. Achte auch bei deinen Variationen darauf, die Blue Note mit einem Halbtonschritt nach oben oder unten aufzulösen.

Versuche, die D-Bluestonleiter auswendig zu spielen. Dann kannst du auch ohne jede schriftliche Vorlage über das Playback improvisieren. Erfinde möglichst *nachsingbare, zweitaktige Melodiefiguren (Licks)*. Nutze die Möglichkeit, eigene Ideen zu wiederholen. Da man dies meist nicht wortwörtlich tut oder die Melodie geringfügig abwandelt, entstehen Licks, die sich aufeinander beziehen. So können aus einer Idee sehr viele Variationen entstehen, die sich wie ein roter Faden durch das Solo ziehen und den Zuhörer auf eine musikalische Bluesreise mitnehmen.

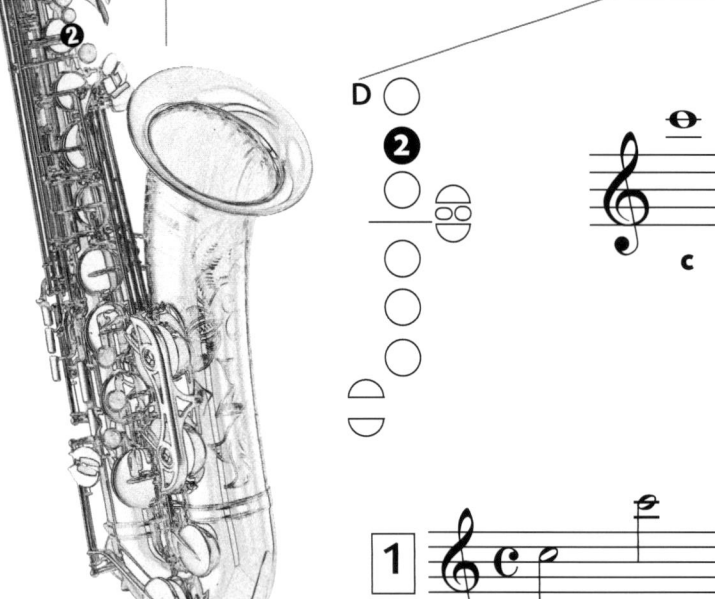

Oktavklappe
linker Daumen

Das hohe „c"

Das hohe „c" wird ebenfalls mit *Oktavklappe* gegriffen.

Eine zweite Griffvariante wird nur in speziellen Fällen verwendet (*vgl. S. 124*).

Die B-Dur- und G-Moll-Tonleiter

B-Dur und G-Moll haben *zwei* ♭-Vorzeichen, starten aber auf unterschiedlichen Grundtönen. Das bedeutet, dass in beiden Tonleitern aus dem Ton „h" ein „b" sowie aus dem Ton „e" ein „es" wird.

Um dies kenntlich zu machen, stehen zwischen dem Notenschlüssel und der Taktbezeichnung zwei ♭, eins auf der mittleren Linie im Notensystem („h"-Notenlinie) und das andere zwischen den beiden obereren Linien („e"-Zwischenraum).

Tonart Dauervorzeichen

Gibt an, welche Noten erhöht oder erniedrigt werden. In B-Dur und G-Moll sind alle „h"s durchgehend als „b" und alle „e"s durchgehend als „es" zu spielen.

Quintenzirkelausschnitt

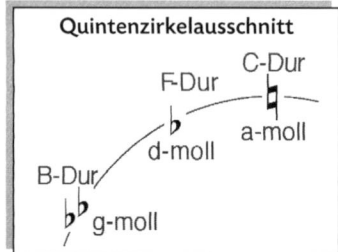

B-Dur/G-Moll:
Halbtonschritte
immer
zwischen
„d" - „es"
und „a" - b!

Achtung!
„h" = „b"
und
„e" = „es"!

B Dur-Tonleiter auf- und abwärts

b c d **es** f g a b a g f **es** d c b

G-Moll Tonleiter auf- und abwärts

g a **b** c d **es** f g   f **es** d c **b** a g

B-Dur Übung 1

B-Dur Übung 2

G-Moll Übung 1

G-Moll Übung 2

Achtung!
„h" = „b"
und
„e" = „es"!

Übe alle „b"s
(Front- und
Seiten-B)
mit beiden
Griffvarianten!

Die B-Dur und G-Moll Tonleiter

Auld Lang Syne ist eine irische Volksweise, die auch heutzutage noch zu festlichen Anlässen - wie z.B. Silvester - vorgetragen wird. Vielen wird sie aber auch als Fanhymne aus den Fußballstadien bekannt sein.

Ich habe sie als Duett arrangiert. Der Rhythmus beider Stimmen ist gleich - mit einer Ausnahme in *Takt 15*, wo die erste Stimme auf der letzten Zählzeit **„4"** zwei Achtel statt einer Viertel spielt. Die Melodie steht in B-Dur. Beachte also besonders die *zwei* ♭*-Vorzeichen*.

Auld Lang Syne

Irisches Traditional

Achtung!
„h" = „b"
und
„e" = „es"!

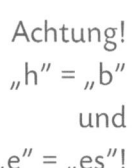

Das hohe „h"

Das hohe „**h**" wird ebenfalls mit der *Oktavklappe* erzeugt.

Die D-Dur- und H-Moll-Tonleiter

D-Dur und H-Moll haben *zwei* ♯-Vorzeichen. Aus dem Ton „**f**" wird ein „**fis**" und aus dem Ton „**c**" ein „**cis**". Um dies kenntlich zu machen, stehen zwischen dem Notenschlüssel und der Taktbezeichnung zwei ♯ , eins auf der oberen Linie im Notensystem („**f**"-Notenlinie) und das andere zwischen der zweiten und dritten Linie von oben („**c**"-Zwischenraum).

Tonart Dauervorzeichen

Gibt an, welche Noten erhöht oder erniedrigt werden. In D-Dur und H-Moll sind alle „f"s durchgehend als „fis" und alle „c"s durchgehend als „cis" zu spielen.

D-Dur/H-Moll: Halbtonschritte immer zwischen „fis" - „g" und „cis" - „d".

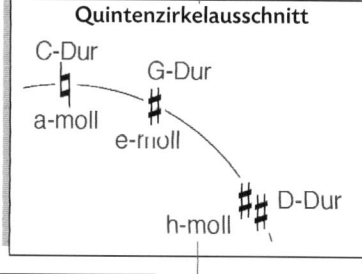

D-Dur Tonleiter auf- und abwärts

Achtung! „f" = „fis" und „c" = „cis"!

H-Moll Tonleiter auf- und abwärts

D-Dur Übung 1

D-Dur Übung 2

Achtung!
„f" = „fis"
und
„c" = „cis"!

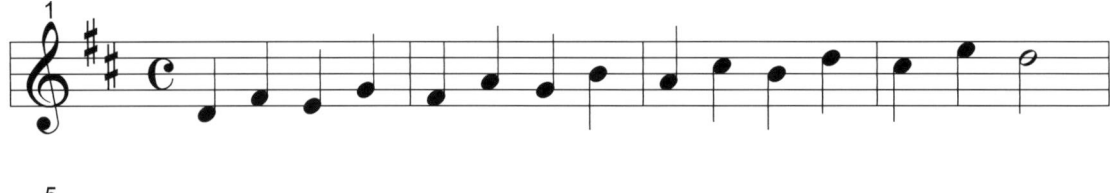
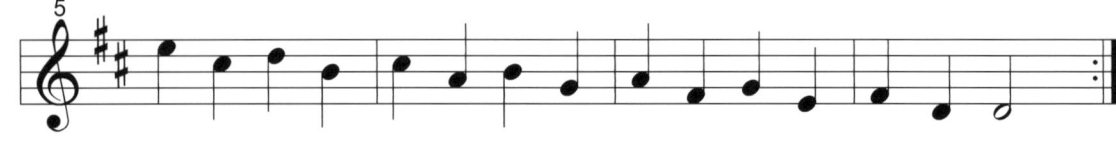

H-Moll Übung 1

H-Moll Übung 2

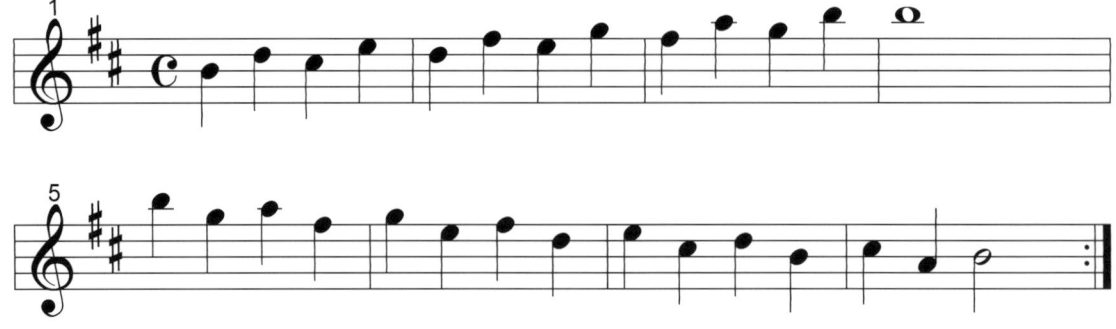

When The Saints Go Marching In kommt mit den ersten fünf Tönen der D-Dur Tonleiter aus. Kein Problem für dich! Achte auf den alla breve-Takt *(vgl. S. 49)*.

When The Saints Go Marching In
Amerikanisches Traditional

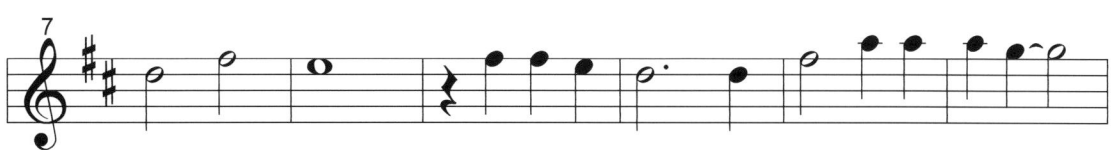

Auftakt auf Zählzeit „2"!

Achtung!
„f" = „fis"
und
„c" = „cis"!

Die Beschränkung auf den Fünftonraum fordert gerade dazu heraus, die Melodie auch einmal in anderen Tonarten zu spielen, d.h. zu *transponieren*.

Transponieren

Transponieren *(lat.: hinübersetzen)* bedeutet, ein Stück *aus einer Tonart in eine andere Tonart zu übertragen*. Dabei muss die Intervallstruktur der vorgegebenen Melodie unbedingt beibehalten werden.

Das geht so: *When The Saints Go Marching In* steht in D-Dur. Die ersten fünf Töne (*Stufen*) aus der D-Dur Tonleiter sind:

Stufen:	1	-	2	-	3	-	4	-	5
Töne:	d	-	e	-	fis	-	g	-	a

Der Melodieverlauf in den ersten vier Takten ist:

Töne in D-Dur (Takt 1 - 4):   ‖: d - fis - g - a :‖

Auf **C-Dur** übertragen erhältst du folgende Töne:

Stufen:	1	-	2	-	3	-	4	-	5
Töne:	‖: c	-	e	-	f	-	g :‖		

Übertrage nun den Rest der Melodie nach C-Dur und spiele:

Stufen:	1	3	4	5	3	1	3	2
Töne in D-Dur (Takt 5-8):	d	fis	g	a	fis	d	fis	e
Töne in C-Dur (Takt 5-8):	-	-	-	-	-	-	-	-

Stufen:	3	3	2	1	1	3	5	5	5	4
Töne in D-Dur (Takt 9-12):	fis	fis	e	d	d	fis	a	a	a	g
Töne in C-Dur (Takt 9-12):	-	-	-	-	-	-	-	-	-	-

Stufen:	4	3	4	5	3	1	2	3	1
Töne in D-Dur (Takt 13-16):	g	fis	g	a	fis	d	e	fis	d
Töne in C-Dur (Takt 13-16):	-	-	-	-	-	-	-	-	-

Intervalle

Der Begriff Intervall *(lat.: Zwischenraum)* bezeichnet den Abstand zwischen zwei Tönen, gleichgültig, ob beide zusammen oder nacheinander erklingen:

Vom kleinsten zum größten Intervall innerhalb der Oktave heißen sie:
Prime (1. Ton)
Sekunde (2. Ton)
Terz (3. Ton)
Quarte (4. Ton)
Quinte (5. Ton)
Sexte (6. Ton)
Septime (7. Ton)
Oktave (8. Ton)

Kontrolliere deine transponierte Melodie mit dem Gehör. Kennst du die Melodie gut, fallen dir falsche Noten sofort auf. Schau dir erst danach die Lösung im Internet an.

Trage deine transponierte Melodie in das Notensystem ein und spiele!

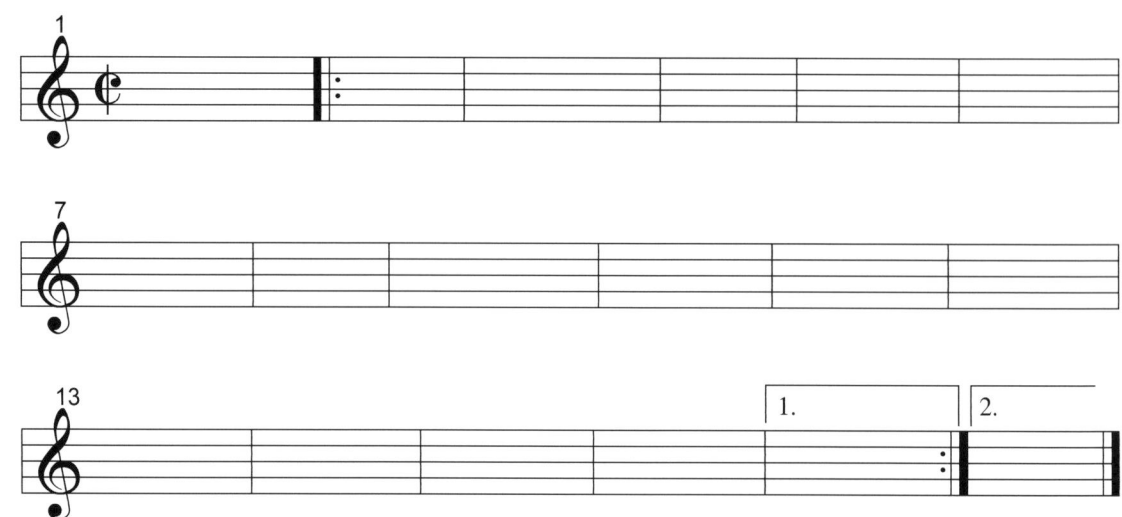

Spielt ein Pianist *When The Saints ...* in C-Dur, muss der *Tenor Saxophonist zwei Tonarten* im Quintenzirkel weiter *im Uhrzeigersinn* zu D-Dur rücken, um mit ihm zusammenspielen zu können. Der *Alt Saxophonist* rückt *drei Tonarten* weiter *im Uhrzeigersinn* zu A-Dur.

Grundsätzlich gilt also:

Tenor Saxophon: 2 Tonarten im Uhrzeigersinn weiter!
Alt Saxophon: 3 Tonarten im Uhrzeigersinn weiter!

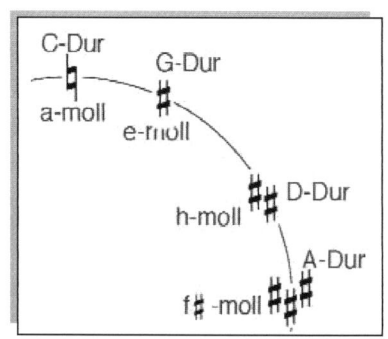

Das hohe „gis" (G♯) und „as" (A♭)

Drücke für das hohe „**gis**" bzw. „**as**" die *Oktavklappe*.

Oktavklappe
linker Daumen

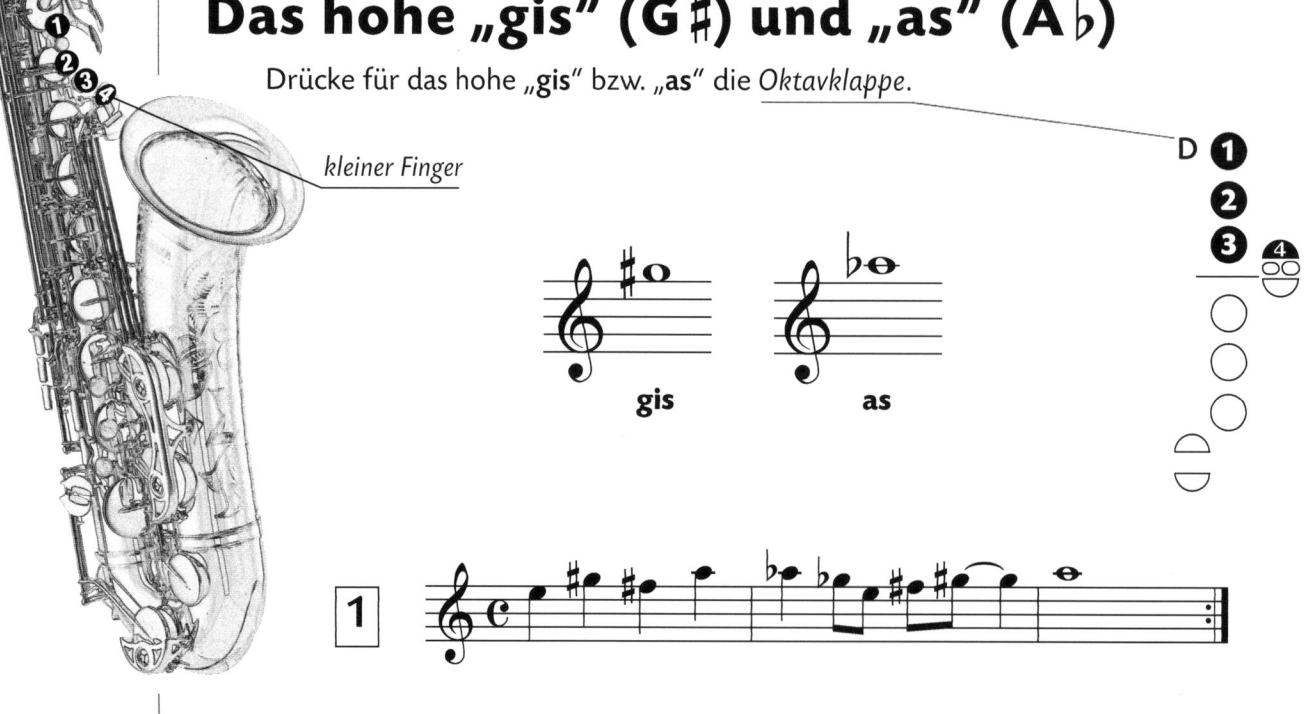

Garantiert Saxophon lernen - Lektion 7

Die Es-Dur- und C-Moll-Tonleiter

Es-Dur und C-Moll haben *drei* ♭-Vorzeichen. Das bedeutet, dass in beiden Tonleitern zusätzlich zu den Tönen „h" = „b" und „e" = „es" der Ton „a" zum „as" erniedrigt wird. Um dies kenntlich zu machen, stehen zwischen dem Notenschlüssel und der Taktbezeichnung drei ♭, eins auf der mittleren Linie im Notensystem („h"-Notenlinie), das zweite zwischen den beiden oberen Linien („e"-Zwischenraum) und das dritte zwischen der zweiten und dritten Linie von unten („a"-Zwischenraum).

Quintenzirkelausschnitt

Tonart Dauervorzeichen

Gibt an, welche Noten erhöht oder erniedrigt werden. In Es-Dur und C-Moll sind alle „h"s durchgehend als „b", alle „e"s durchgehend als „es" sowie alle „a"s als „as" zu spielen.

Es-Dur Tonleiter auf- und abwärts

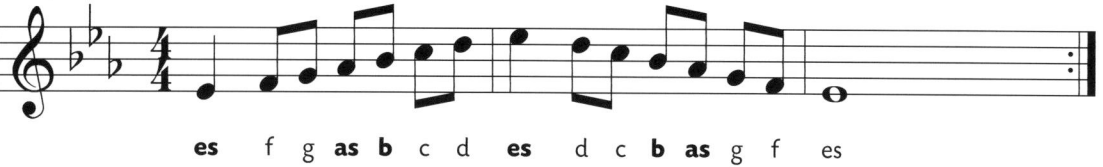

es f g **as** **b** c d **es** d c **b** **as** g f es

C-Moll Tonleiter auf- und abwärts

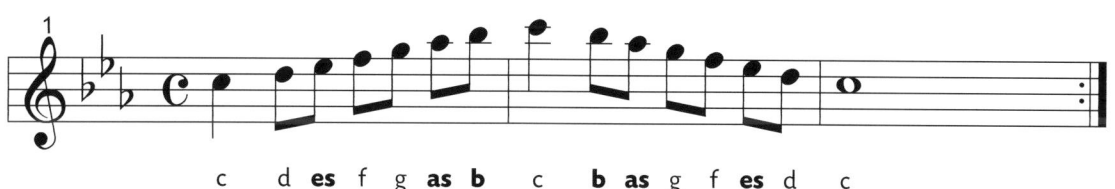

c d **es** f g **as** **b** c **b** **as** g f **es** d c

Es-Dur/C-Moll: Halbtonschritte immer zwischen „g" - „as" und „d" - „es".

Es-Dur Übung 1

Übe abwechselnd beide Griffvarianten für das „b".

Es-Dur Übung 2

Achtung!
„h" = „b",
„e" = „es",
und
„a" = „as"!

Die Es-Dur und C-Moll Tonleiter

C-Moll Übung 1

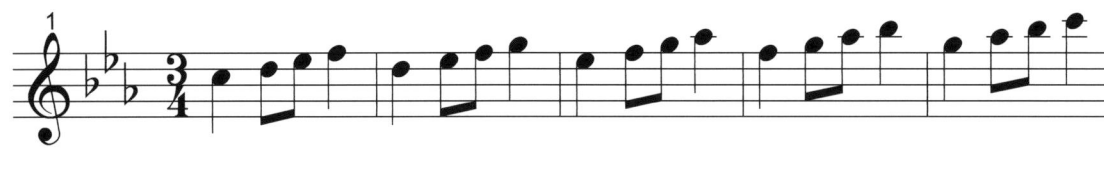

C-Moll Übung 2

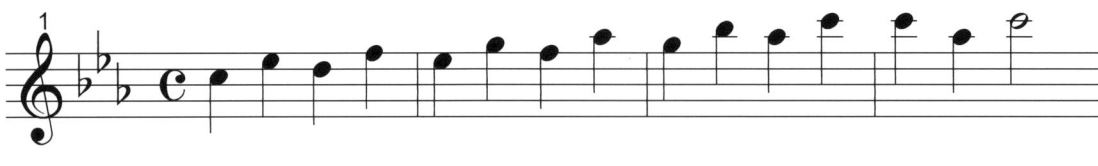

Der folgende *Lovesong* basiert auf der Melodie *Aura Lee*, einem überlieferten Traditional aus den Südstaaten der USA. Viele Interpreten haben sich dieser Melodie für eigene Kompositionen bedient. So auch *Elvis Presley* mit seinem Hit *Love Me Tender*.

Als Tonart habe ich Es-Dur gewählt. Rhythmisch und melodisch wird die Grundmelodie variiert, um sie abwechslungsreicher zu gestalten.

Lovesong (Aura Lee)

Traditional aus den USA

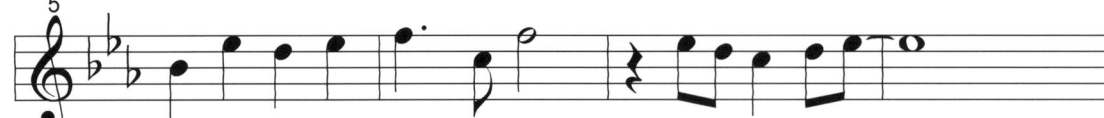

Die A-Dur und Fis-Moll Tonleiter

A-Dur und Fis-Moll haben *drei* ♯-*Vorzeichen*. Aus dem Ton „**f**" wird ein „**fis**", aus dem Ton „**c**" ein „**cis**" und aus dem „**g**" ein „**gis**". Gekennzeichnet wird das zwischen dem Notenschlüssel und der Taktbezeichnung mit drei ♯, eins auf der oberen Linie im Notensystem („**f**"-Notenlinie), das andere zwischen der zweiten und dritten Linie von oben („**c**"-Zwischenraum) sowie oberhalb der obersten Linie.

A-Dur/Fis-Moll: Halbtonschritte immer zwischen „cis" - „d" und „gis" - „a"

Tonart Dauervorzeichen

Gibt an, welche Noten erhöht oder erniedrigt werden. In A-Dur und Fis-Moll sind alle „f"s durchgehend als „fis", alle „c"s durchgehend als „cis" und alle „g"s durchgehend als „gis" zu spielen.

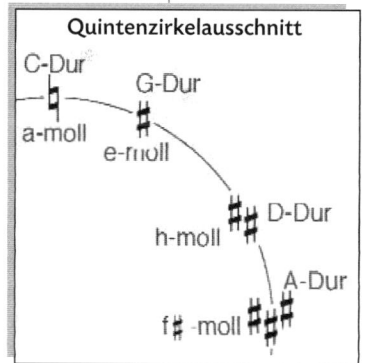

A-Dur Tonleiter auf- und abwärts

a h **cis** d e **fis** **gis** a **gis** **fis** e d **cis** h a

Fis-Moll Tonleiter auf- und abwärts

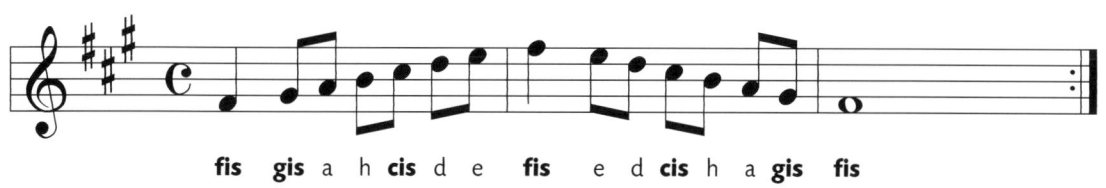

fis **gis** a h **cis** d e **fis** e d **cis** h a **gis** **fis**

Beim Wechsel „fis" - „gis" kann die Gis-Klappe gedrückt bleiben (*vgl. S. 57*)!

A-Dur Übung 1

A-Dur Übung 2

Achtung!
„f" = „fis"
„c" = „cis"
und
„g" = „gis"!

Fis-Moll Übung 1

Fis-Moll Übung 2

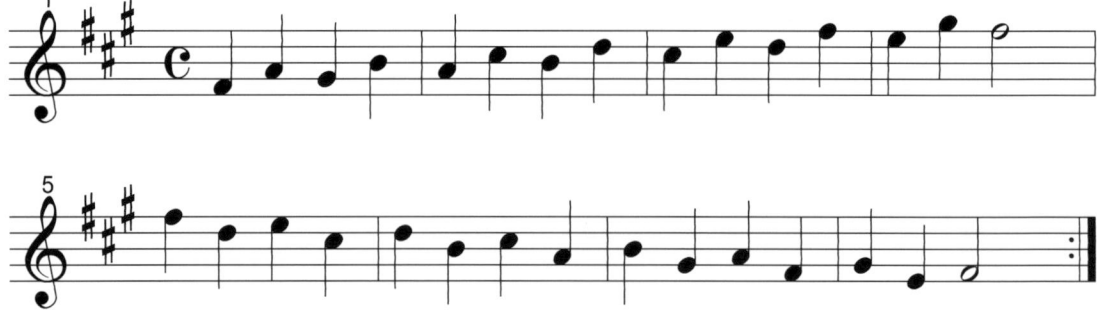

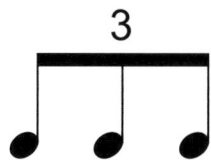
Die Achteltriole

Anders als bei Achtelnoten werden bei der Achteltriole die Viertelschläge nicht auf zwei, sondern *auf drei Noten* aufgeteilt.

Insgesamt gibt es *drei verschiedene Schreibweisen*, die alle drei gleichberechtigt Verwendung finden. Allen drei Varianten *gemeinsam* ist der Balken, mit dem die drei Triolenachtel verbunden werden, und die Ziffer „**3**" (= Triole). Der Unterschied besteht darin, dass eine *Klammer* oder ein *Bogen* hinzugefügt oder weggelassen wird. Wir haben uns für die Variante *ohne* Klammer bzw. Bogen entschieden.

Variante 1   **Variante 2**   **Variante 3**

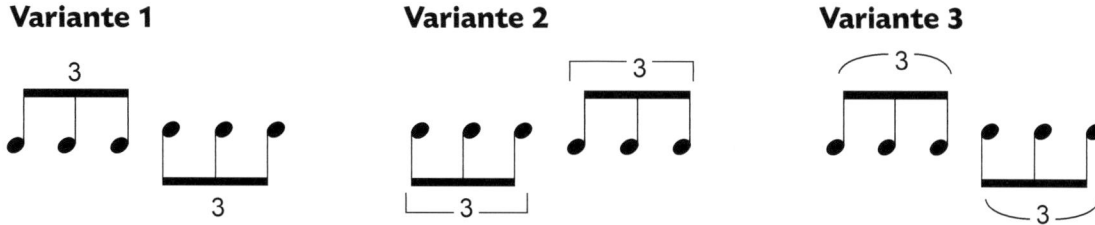

Die drei Triolenachtel werden als zusammenhängende Achtelgruppe verwendet, die denselben Zeitwert darstellen wie zwei normale Achtel bzw. eine Viertel. Das bedeutet, dass jede einzelne Triolenachtel jeweils ein Drittel der Zählzeit in Anspruch nehmen.

Man zählt:

Man kann sich auch mit dem Wort *„gleich - mä - ßig"* in drei Silben aufgeteilt behelfen. Alle Silben im gleichen Tempo ausgesprochen ergeben eine Achteltriole. Lediglich die Betonung kann auf die Zahl gelegt werden.

Die folgenden Übungen sollen diesen Triolenrhythmus festigen. Ich empfehle diese Übungen auch auf andere Töne als die notierten oder auf komplette Tonleitern zu übertragen, und sie auf jeden Fall mit einem *Metronom* im Vierteltempo 60 zu üben. Rhythmische Präzision ist nicht nur hier oberstes Gebot.

EbSAX 27 BbSAX 71

Die Achteltriole

Amazing Grace

Die Melodie von *Amazing Grace* steht zunächst in der neuen Tonart A-Dur und lebt in erster Linie von den Achteltriolen. Beachte zu Beginn den *Auftakt* auf Zählzeit „**3**". In Takt 18 wird die Tonart gewechselt. D-Dur ist angesagt und A-Dur ist passé. Dies wird durch die neuen Dauervorzeichen mit zwei Kreuzen („**fis**" und „**cis**") und einem Auflösungszeichen („**g**" statt „**gis**") angezeigt.

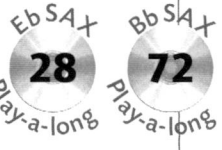

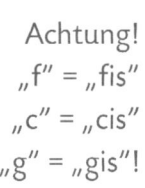

Achtung!
„f" = „fis"
„c" = „cis"
„g" = „gis"!

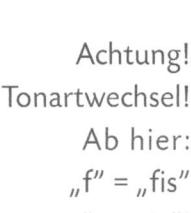

Achtung!
Tonartwechsel!
Ab hier:
„f" = „fis"
„c" = „cis"!

Garantiert Saxophon lernen - Lektion 7

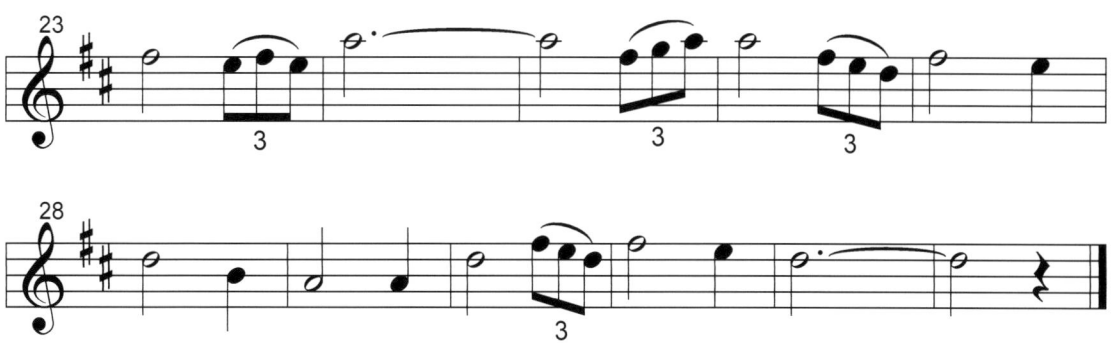

Tipp:

▸ Betone die erste Triolenachtel leicht.
▸ Verteile die drei Triolenachtel gleichmäßig auf die Zählzeit.
▸ Wenn nicht anders notiert, ist es ratsam, die drei Triolenachtel unter einem Legatobogen zusammen zu fassen. Tonwiederholungen sind davon natürlich ausgenommen.

Paddy O'Carroll

Traditional aus Irland

Die Achteltriole

Spielwiese

1. Trage in das Kästchen ein, welche Töne erhöht oder erniedrigt werden!

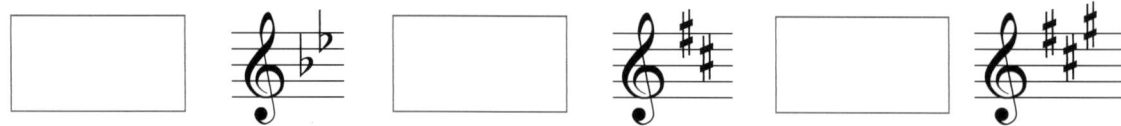

2. Um welche Tonart handelt es sich? Kreuze die richtige Lösung an!

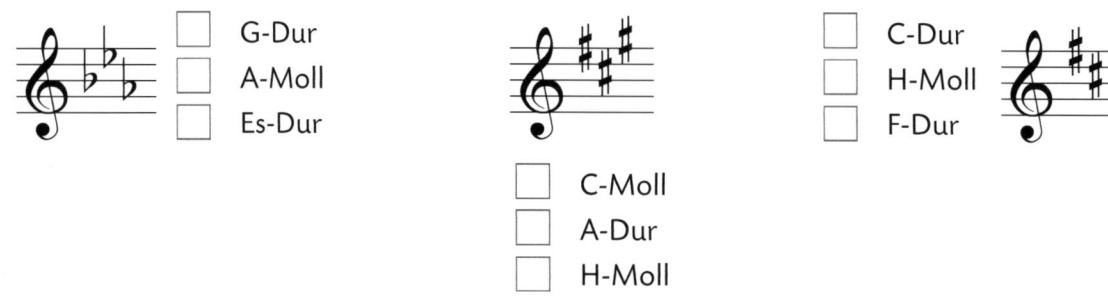

☐ G-Dur
☐ A-Moll
☐ Es-Dur

☐ C-Dur
☐ H-Moll
☐ F-Dur

☐ C-Moll
☐ A-Dur
☐ H-Moll

Die Lösungen dieser Aufgaben findest du auf der Internetseite:
www.garantiertsax.de

3. Spiele die Melodie von *Clementine* und transponiere sie von G-Dur nach A-Dur, wie auf *Seite 85* beschrieben. Beachte den alla breve-Takt. Zähle Halbe Noten (*vgl. S. 49*).

Clementine in G-Dur

Clementine in A-Dur (bitte Noten eintragen)

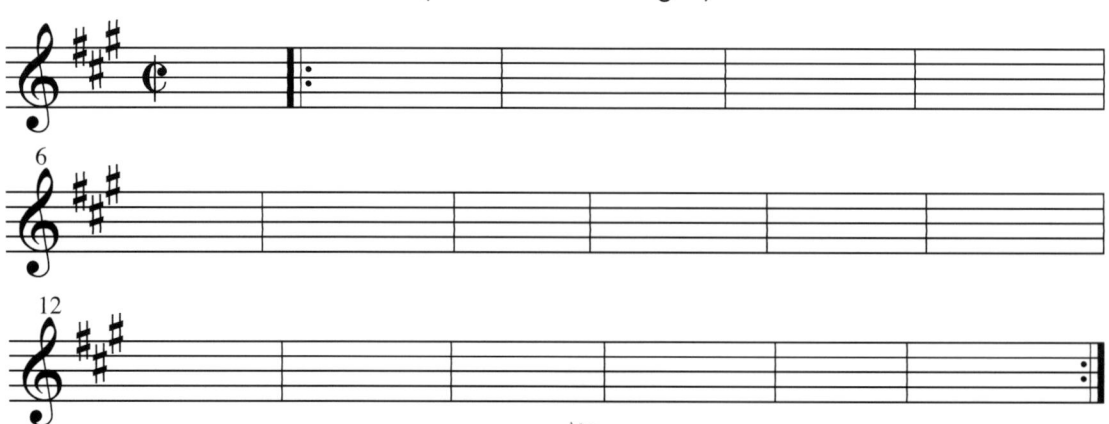

Garantiert Saxophon lernen - Lektion 7

Lektion 8

Das lernst du:

Grundbegriffe
Swing und Swingphrasierung
Ternär - Binär
Swing Synkopen
Punktierte Viertel im Swing

Repertoire
Übungen
Swinging Birthday
Synkopen Swing 1
Swing Point
Swing Low Sweet Chariot
Synkopen Swing 2
Down By The Riverside
Tom Dooley

Der Swing

Die Swingphrasierung (binär und ternär)

Der Begriff *Swing* bezeichnet sowohl eine *Epoche* der Jazzgeschichte als auch ein *rhythmisches Phänomen*.

Das rhythmische Phänomen Swing, das uns hier vorrangig interessiert, bezieht sich auf eine vom Normalfall abweichende Interpretation der Achtelnoten.

Die Swingepoche ist in den 30er und 40er Jahren des 20. Jahrhunderts angesiedelt. Ihre bekanntesten Vertreter waren *Duke Ellington, Stan Kenton, Count Basie* und *Glenn Miller*.

1. Achtelnoten - wie wir sie bereits kennen gelernt haben - unterteilen die Zählzeit in *zwei gleichlange* Noten. Diese Zweiteilung (2 Achtel = 1 Viertelschlag) nennt man auch *binärer Rhythmus*.

2. Achteltriolen unterteilen die Zählzeit in *drei gleichlange* Noten. Diese Dreiteilung (3 Achteltriolen = 1 Viertelschlag) bezeichnet man auch als *ternären Rhythmus*.

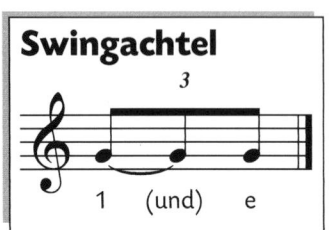

3. Für die Swingphrasierung werden die ersten beiden Triolenachtel mit einem Haltebogen zu einer Note zusammengefasst. Da dieser Rhythmus sich ebenfalls von der Triole ableitet, ist auch der Swing ein *ternärer Rhythmus*.

4. Übertragen auf die G-Dur Tonleiter, würde die Swingphrasierung ausnotiert folgendermaßen aussehen:

Folgende Musikstile werden „geswingt":
*Swing
Medium Blues
Shuffle*

5. Als Ausgleich für diese ungleiche Verteilung der beiden Swingachtel wird die dritte Triolenachtel *angestoßen* und die erste Triolenachtel *legato* gespielt, was einer leichten Betonung der dritten Triolenachtel gleichkommt. In der Notenschrift sähe das so aus:

Garantiert Saxophon lernen - Lektion 8

6. Da eine solche Schreibweise jedoch sehr unübersichtlich ist, ist man dazu übergegangen, den Swingrhythmus wie normale Achtel zu notieren und lediglich die Kennzeichnung *Swing* bzw. ♩♩ = ♩♩♩ hinzuzufügen.

doo be doo be doo be ...

Das rhythmische Phänomen Swing wird auch häufig mit dem Rhythmus des *menschlichen Herzschlages* verglichen und als wohltuend empfunden. Für die praktische Umsetzung der Swingphrasierung kann diese Vorstellung hilfreich sein.

Tipp:

▸ *Stelle dir den Herzschlagrhythmus vor.*
▸ *Höre dir die folgenden Swingübungen auf der CD an, bis du ein Gefühl für den Rhythmus entwickelt hast.*
▸ *Versuche, die Melodie mitzusingen.*
▸ *Versuche erst dann, sie auf das Saxophon zu übertragen.*

Anhand der beiden folgenden Übungen kannst du die Swingphrasierung üben. Achte vor allem auf die Legatobögen und Zungenstöße, wie im vorigen Absatz beschrieben. Singe auch diese Melodien, bis du Melodie und Rhythmus verinnerlicht hast.

Rhythm Of The Heart

doo be doo be doo be ...

Achtung: Zungenstöße weich und keine hörbaren Pausen dazwischen!

Swinging Birthday steht in F-Dur. Alle „h"s werden zu „b"s!

Das nächste Stück sollte dir bekannt vorkommen. Du hast es bereits im ³/₄- sowie im ⁴/₄-Takt gespielt (*vgl. S. 69*). Ich habe diese Version *Swinging Birthday* genannt.

Swinging Birthday

Swing Synkopen

Da bei der Swingphrasierung die auf „und" gespielten Achtel später kommen, als bei geraden Achteln, wirken sie wie etwas „vorgezogene", betonte Zählzeiten.

Swing Synkopen 1 (vorgezogene 3)   **Swing Synkopen** (vorgezogene 1)

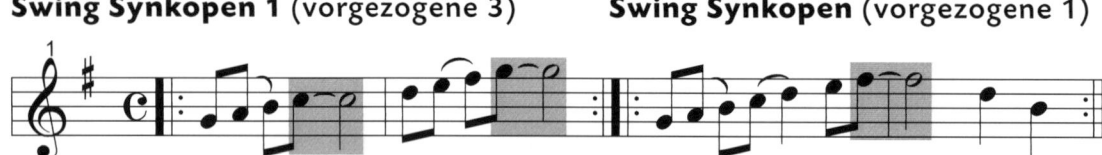

In der nächsten Übung werden Swing Synkopen sowohl auf der „2 und" (*Takt 1 - 4*) als auch auf der „4 und" (*Takt 5 - 9*) gespielt. Die „2 und" wirkt wie eine vorgezogene „3" und die „4 und" wie eine vorgezogene „1".

Swing Synkopen 2 (vorgezogene 3 und 1)

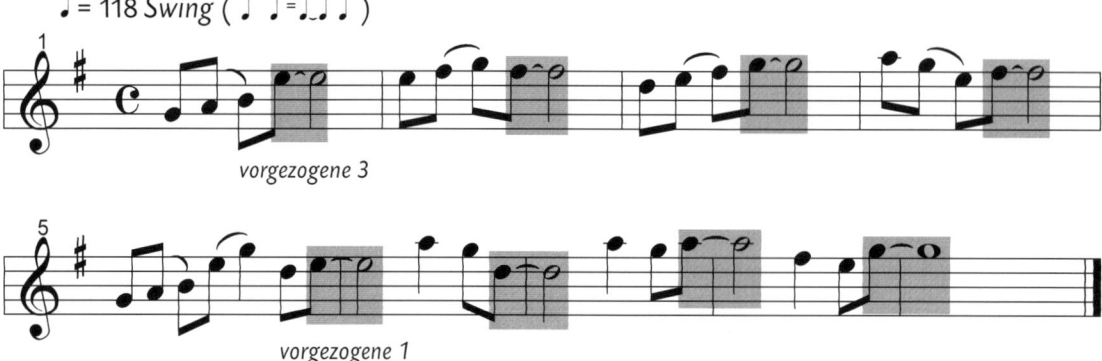

Der Titel *Swing It* enthält ebenfalls Synkopen auf der „2 und" (*Takt 2 - 4, 6 - 7, 10*) sowie auf der „4 und" (*Takt 11 - 14*). Die Legatobögen sind diesmal nicht extra eingezeichnet. Binde trotzdem immer vom 2. Achtel zur nächsten Achtel

Swing It

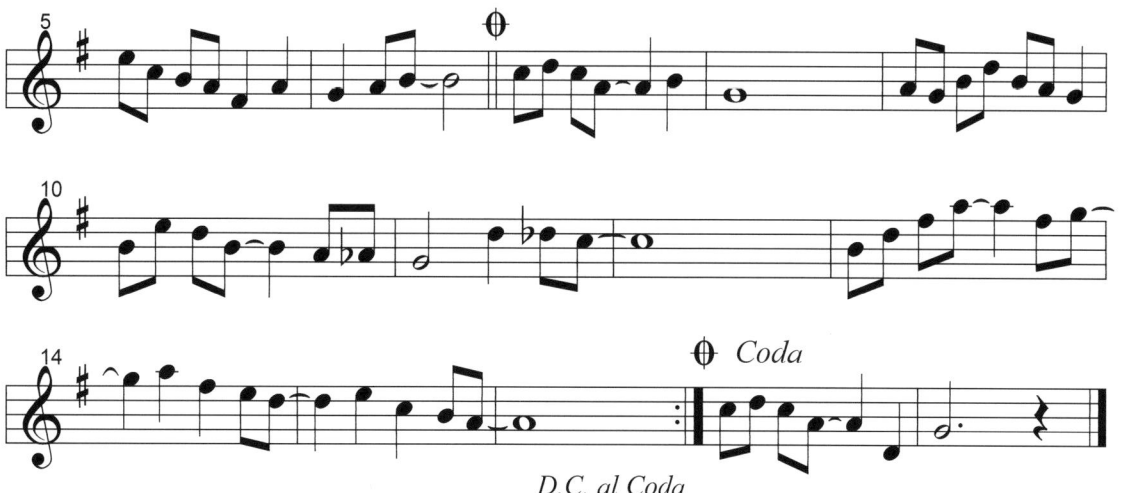

Wiederholung von vorne bis zum ⊕ (Kopfzeichen), dann in die Coda.

D.C. al Coda

Punktierte Viertelnoten im Swing

Auch die punktierten Viertelnoten (*vgl. S. 55*) werden in der Swingphrasierung etwas anders interpretiert. Die Dauer der Viertelnote wird ja bekanntlich durch den Punkt um die Hälfte verlängert. Das bedeutet, dass die punktierte Viertel über die nächste Zählzeit („2") hinaus bis zur „2 und" ausgehalten wird. Die auf der „2 und" folgende Note wird im Swing demnach etwas später gespielt. Am Beispiel von *Übung 1* kannst du das üben. *Übung 2* zeigt den umgekehrten Fall (Achtel auf der „1" und punktierte Viertel auf der „1 und"). Die *Übungen 3 / 4* kombinieren beide Formen. Übe mit Metronom!

Punktierte Viertelnoten im Swing

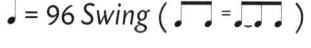

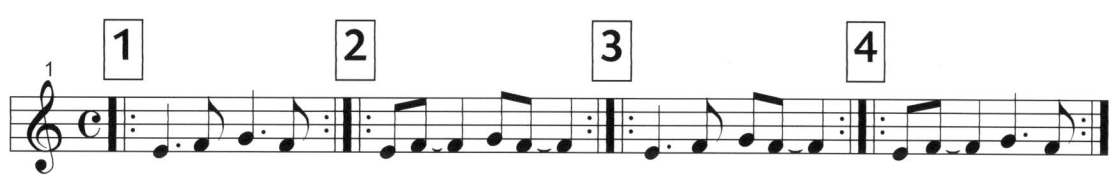

Vergleiche S. 55!

Im folgenden Titel kommen alle diese rhythmischen Formen zum Einsatz:

Swing Point

Eb SAX **33** Play-a-long
Bb SAX **77** Play-a-long

Die punktierte Viertel im Swing

Swing Low Sweet Chariot ist ein alter Gospelklassiker aus den Südstaaten der USA, in dem ebenfalls punktierte Viertelrhythmen in verschiedener Form vorkommen.

Swing Low Sweet Chariot
Gospel

Weitere Swing Synkopen

Typische Swing Synkopen finden sich auch auf der „1 und" sowie der „3 und". Sie können sowohl als Viertelnote (z.B. *Übung 1*) als auch als zwei Achtelnoten mit Haltebogen (z.B. *Übung 2*) notiert werden. Übe mit Metronom!

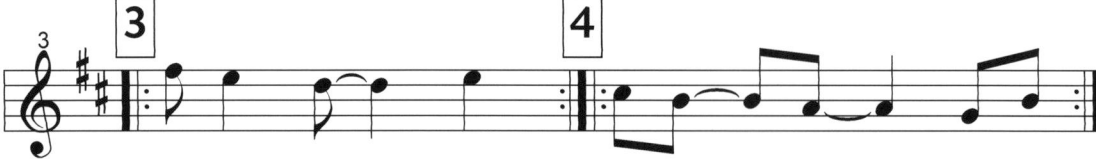

Wenn du diese Übungen beherrschst, kannst du diese Synkopen im nächsten Stück anwenden.

Sunny Side Up

Down By The Riverside kannst du sowohl im langsamen Tempo (♩ = 98) als auch im doppelten Tempo (♩ = 196), also *alla breve* (vgl. S. 49) spielen. Übe also zunächst besonders die Achtel-Passagen *langsam*, bis sie wirklich sitzen. Achte auf saubere Griffkombinationen.

Down By The Riverside

Traditional, USA

♩ = 98 Slow Swing

Fine

D.S. al Fine

MP3-Playback auf *www.garantiertsax.de* zum Download!

Fine = Ende
Die Wiederholung vom Segno endet hier!

Dal Segno (D. S.) al Fine = vom Zeichen 𝄋 bis zum Fine

Spielwiese

1. Trage die Legatobögen für die Swingphrasierung ein, singe und spiele!

doo be doo be doo be ...

2. Spiele die Melodie von *Tom Dooley* in Swingphrasierung:

Tom Dooley Traditional, USA

Die Lösungen dieser Aufgaben findest du auf der Internetseite: *www.garantiertsax.de*

3. Markiere alle Noten auf den „und"-Zählzeiten!

4. Spiele die Tonleiterübungen in Swingphrasierung! Zeichne die Bindebögen ein!

Übe auch die Tonleiterübungen der anderen Tonarten in Swingphrasierung!

Garantiert Saxophon lernen - Lektion 8

Lektion 9

Das lernst du:

Grundbegriffe
Die As-Dur Tonleiter
Die F-Moll Tonleiter
Das tiefe Register
Das hohe Register

Neue Töne
Das tiefe C, H, Cis/Des, B/Ais
Das hohe D, Dis/Es, E, F

Repertoire
Übungen
Thema aus: Ode an die Freude
Wade In The Water
Yellow Rose Of Texas
Danny Boy
Nobody Knows ...
La Bamba
Scarborough Fair
The House Of The Rising Sun

Die As-Dur- und F-Moll-Tonleiter

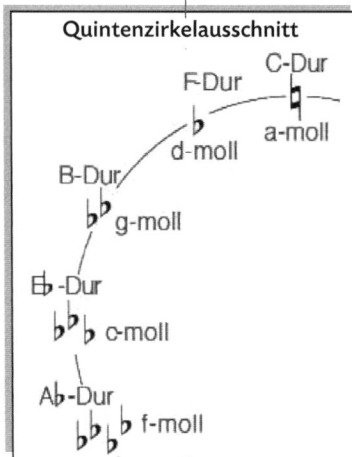

As-Dur und F-Moll haben *vier* ♭-*Vorzeichen*. Das bedeutet, dass in beiden Tonleitern aus dem „h" ein „b", aus dem „e" ein „es", aus dem „a" ein „as" und aus dem „d" ein „des" wird.

Um dies kenntlich zu machen, stehen zwischen dem Notenschlüssel und der Taktbezeichnung vier ♭, das erste auf der mittleren Notenlinie („h"-Linie), das zweite zwischen den beiden obereren Linien („e"-Zwischenraum), das dritte zwischen der zweiten und dritten Notenlinie von unten („a"-Zwischenraum) und das vierte auf der zweiten Linie von oben („d"-Linie).

Tonart Dauervorzeichen

Gibt an, welche Noten erhöht oder erniedrigt werden. In As-Dur und F-Moll sind alle „h"s als „b", alle „e"s als „es", alle „a"s als „as" und alle „d"s als „des" zu spielen.

As-Dur/F-Moll: Halbtonschritte immer zwischen „c" - „des" und „g" - „as"!

As Dur Tonleiter auf- und abwärts

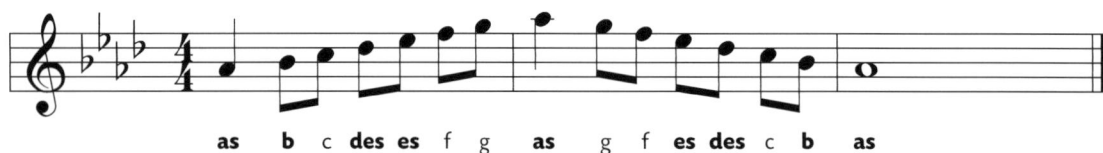

as b c des es f g **as** g f es des c b **as**

F-Moll Tonleiter auf- und abwärts

f g **as** b c **des es** f es des c b **as** g f

Achtung!
„h" = „b"
„e" = „es"
„a" = „as"
„d" = „des"!

As-Dur Übung 1

As-Dur Übung 2

Spiele die Tonleiterübungen auch mit Swingphrasierung!

Garantiert Saxophon lernen - Lektion 9

F-Moll Übung 1

F-Moll Übung 2

Übe alle „b"s mit beiden Griffvarianten (Front- und Seiten-B)!

Das tiefe Register
Das tiefe C

Das „tiefe C" wird mit dem *kleinen Finger der rechten Hand* gegriffen. Die Klappe sitzt direkt unterhalb der **„Es-Klappe"**. Den nahtlosen Übergang zwischen dem „tiefen Es" und dem „tiefen C" erleichtern *zwei Rollen* zwischen den Griffen.

Da dieses „C" bereits zum tiefen Tonraum auf dem Saxophon gehört, solltest du ihn mit dem Zwerchfell stützen, da es eine Menge Luft durch das Rohr zu befördern gilt. Achte darauf, den Ansatz nicht mehr als bei den anderen Tönen zu lockern.

Tief C (rechte Hand)

Die zwei Rollen

kleiner Finger

Spiele folgende Übungen, um das „tiefe C" zu festigen:

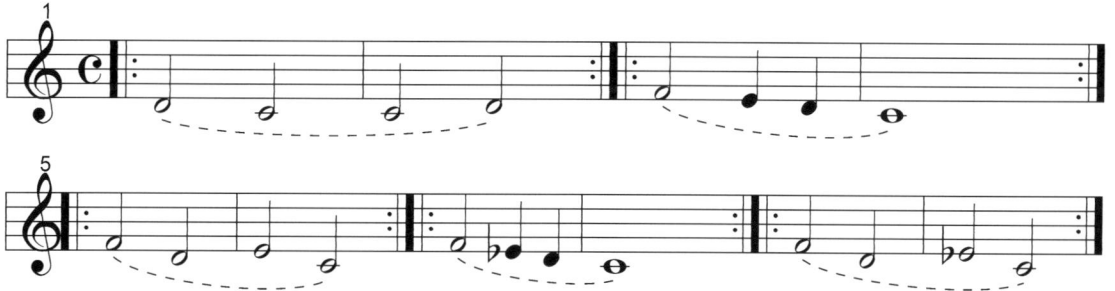

Übe auch legato!

Achte auf eine möglichst gleichbleibende Tonqualität!

Ode an die Freude (Thema)

Ludwig van Beethoven (1770-1827)

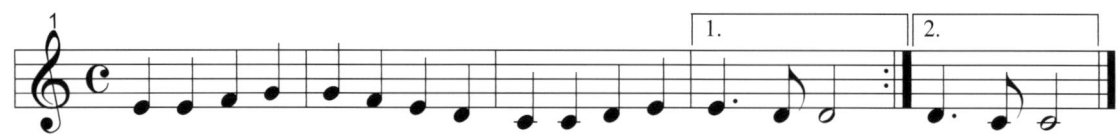

Spiele *Deep Cee* einmal mit Legatobögen und einmal angestoßen.

Deep Cee

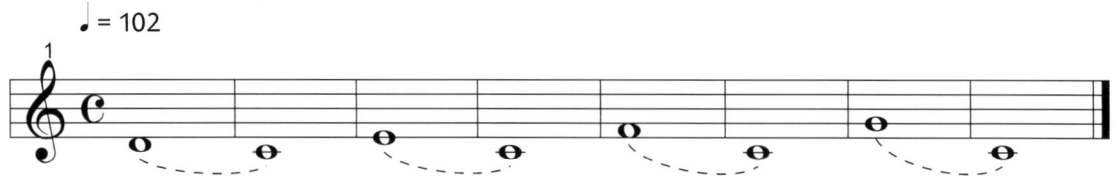

Achte bei der folgenden Melodie besonders auf den Wechsel zwischen „Es" und „C".

Deep As Cee

Wade in the Water, ein amerikanisches Spiritual, steht in F-Moll (4 ♭) und enthält das „tiefe C". Der Rhythmus ist kein Swing, sondern die Achtel werden gerade phrasiert. Dem eigentlichen Melodiethema ist ein Intro vorangestellt (*vgl. S. 67*).

Wade In The Water

Spiritual aus den USA

Das tiefe H

Das *„tiefe H"* wird wie das *„tiefe C"* gegriffen. Lediglich der *kleine Finger der linken Hand* greift zusätzlich die sogenannte „H-Klappe". Das *„tiefe H"* ist der zweit tiefste Ton auf dem Alt und Tenor Saxophon. Auch hier gilt es, eine Menge Luft durch das Rohr zu befördern. Achte entsprechend darauf, den Luftstrom mit dem Zwerchfell abzustützen und den Ansatz nicht zu locker zu lassen.

Die „H-Klappe"

kleiner Finger

Spiele die folgenden Übungen, um das „tiefe H" zu festigen, auch *legato*:

Yellow Rose Of Texas ist ein Traditional aus den amerikanischen Südstaaten. Wenn du mit dem „tiefen H" vertraut bist, wirst du es problemlos spielen können. Achte auf gleichmäßigen Luftstrom, Ansatz und Zwerchfellstütze.

Yellow Rose Of Texas

Traditional aus den USA

MP3-Playback auf *www.garantiertsax.de* zum Download!

Achtung: Auftakt auf Zählzeit „4"!

Das tiefe H

Das tiefe Cis (Des)

Das „tiefe Cis" bzw. „tiefe Des" unterscheidet sich vom „tiefen C" nur dadurch, dass der *kleine Finger der linken Hand* zusätzlich die sogenannte „Cis/Des-Klappe" greift. Sie befindet sich - vom Spieler aus gesehen - links neben der tiefen „H-Klappe".

Der Wechsel zwischen dem „tiefen Cis/Des" und „Gis/As"

Für den Wechsel zwischen dem „tiefen Cis/Des" und dem Ton „Gis/As" haben sich die Saxophonbauer eine wesentliche Erleichterung ausgedacht. Der Ton „G" zusammen mit der „Cis/Des-Klappe" gegriffen ergibt „Gis" bzw. „As". Der *kleine Finger der linken Hand* kann so liegen bleiben. Das ist ungemein praktisch und funktioniert entsprechend auch für das „tiefe H" und das im nächsten Kapitel folgende „tiefe B".

Der Wechsel zwischen dem „tiefen H" und „Gis/As"

Für den Wechsel zwischen dem „tiefen H" und dem Ton „Gis/As" gilt dasselbe. Greife den Ton „G" zusammen mit der „H-Klappe" und du erhältst „Gis" bzw. „As". Der kleine Finger der linken Hand kann wieder liegen bleiben.

Garantiert Saxophon lernen - Lektion 9

Der Wechsel zwischen dem „tiefen Cis/Des" und „H"

Der Wechsel zwischen dem „tiefen Cis/Des" und dem Ton „H" wird durch kleine Rollen zwischen den Klappen, die von dem kleinen Finger beider Hände gegriffen werden, erleichtert. Greife mit dem kleinen Finger nicht zu steil auf die Klappen, sondern strecke ihn ein wenig. So kannst du leichter von einer zur anderen Klappe rutschen.

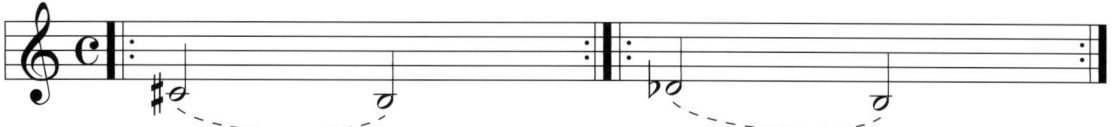

Übe das „tiefe Cis" bzw. „tiefe Des" auch in Kombination mit anderen Tönen.

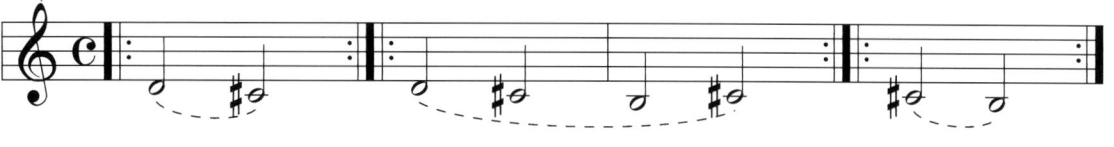

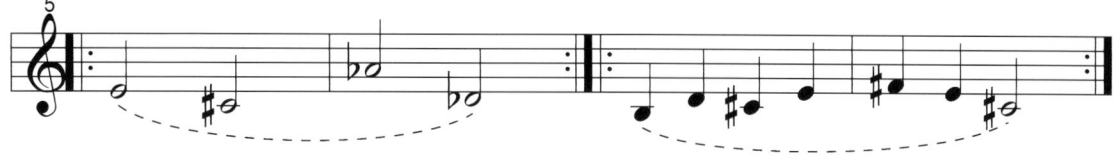

Danny Boy steht in D-Dur, das heißt, „f" wird zu „fis" und „c" zu „cis". Auf die schwierigeren Wechsel z.B. zwischen dem „tiefen Cis" und „D" sowie zwischen dem „tiefen H" und dem „tiefen Cis" bist du ja bereits vorbereitet.

Danny Boy

Nicht vergessen! Gleichmäßiger Luftstrom und gute Zwerchfellstütze.

MP3-Playback auf *www.garantiertsax.de* zum Download!

Achtung! D-Dur: „f" = „fis" „c" = „cis"!

Das tiefe Cis/Des

Das tiefe B (Ais)

Der tiefste Ton auf dem Saxophon ist das „tiefe B" bzw. „tiefe Ais". Es wird wie die vorherigen tiefen Noten mit dem *kleinen Finger der linken Hand* gegriffen. Allerdings ergänzt er hier den Griff für das „tiefe C", indem er die breite, unterhalb der „Cis/Des-Klappe" und der „H-Klappe" liegende Klappe greift.

Die tiefe B-Klappe

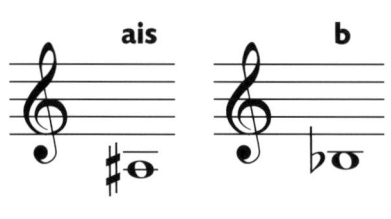

Der Wechsel zwischen dem „tiefen B/Ais" und „As/Gis"

Beim Wechsel zwischen dem „tiefen B" und dem Ton „Gis/As" kann der kleine Finger der linken Hand liegen bleiben (Wechsel Gis/As).

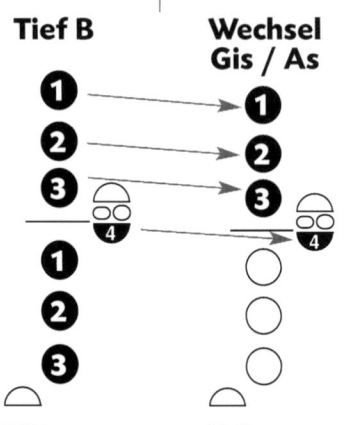

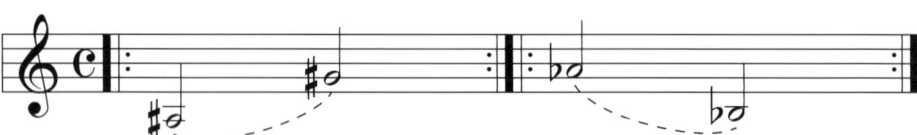

Die folgenden Vorübungen helfen dir nicht nur, das „tiefe B" bzw. „tiefe Ais" in den Griff zu bekommen, sondern bereiten dich gleichzeitig auf das nächste Stück vor.

Nobody Knows ist ein alter Gospel aus dem Süden der USA. Obwohl die tiefen Töne des Saxophons (außer beim Bariton) eher selten als Stimmlage für eine Solomelodie genutzt werden, klingt diese traurige Melodie auch in der tiefen Lage sehr ausdrucksstark. Achte auf die Swingphrasierung.

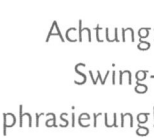

Nobody Knows The Trouble I've Seen

Gospel aus den USA

Achtung: Swingphrasierung!

Garantiert Saxophon lernen - Lektion 9

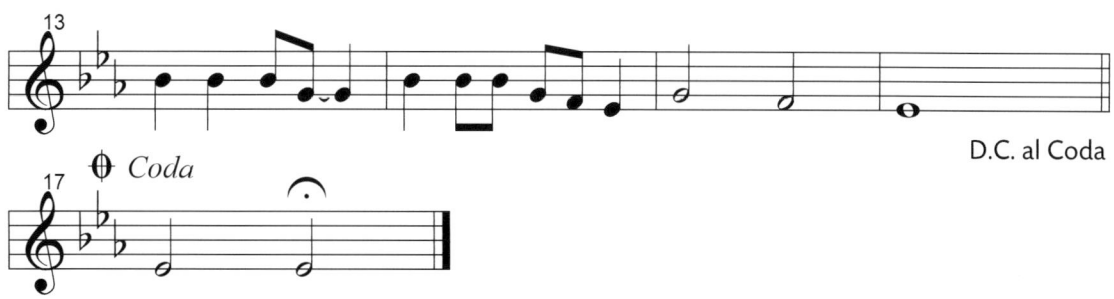

Da Capo (D. C.) al Coda = Wiederholung bis zum ⊕ (Kopfzeichen) und Sprung in die Coda.

Das hohe Register

Steigen wir nun aus der Kellerregion des Saxophons in den Dachstuhl zum hohen Register. Wie bei den Tönen des tiefen Registers kommt es auch in den hohen Regionen auf eine genaue Tonkontrolle an, da sie dazu neigen, zu hoch zu klingen. Versuche, den Ansatz nicht zusätzlich anzuspannen. Unterstütze die hohen Töne kräftig mit dem Zwerchfell. Übe nicht zu leise!

Versuche zunächst, die hohen Töne zu singen. Dabei wird dein Rachenraum sehr klein. Unterstütze das mit deinem Zwerchfell. Eine gute Tonqualität in der hohen Lage braucht viel Übung und wird sich erst allmählich voll entfalten. Habe Geduld! Kontrolliere die hohen Töne stets genau. Alles, was du bis jetzt zu Ansatz und Atemführung gelernt hast, muss im hohen Register abrufbereit sein.

Im hohen Register kommen zusätzlich zur Oktavklappe die drei sogenannten *Seitenklappen* (*Hebel*) zum Einsatz, die mit der *Fingerwurzel* (*unteres Glied*) des *linken Zeigefingers* bedient werden.

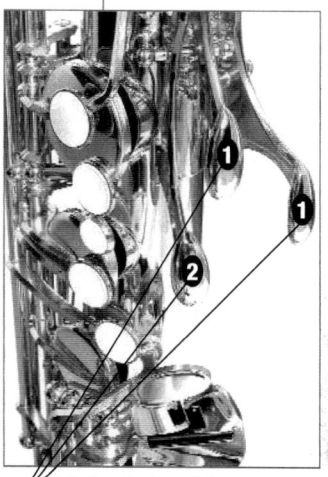

Linke Seitenklappen

Das hohe D

Der Griff für das „hohe D" setzt sich also zusammen aus der *Oktavklappe* plus der *äußeren Seitenklappe*, die du mit der *Fingerwurzel deines linken Zeigefingers* drückst. Strecke den Zeigefinger dabei nicht ganz durch, damit der Abstand zwischen den hohen Tönen und der darunter liegenden Oktave nicht zu groß wird.

Das hohe D

Tipp:

Falls sich das „hohe D" oder auch einer der nächsten hohen Töne nicht gleich anspielen lassen, kannst du folgendermaßen vorgehen:

▸ Spiele den höchsten Ton, den du sauber anspielen kannst, **angestoßen**.
▸ **Überbinde** ihn zum nächsthöheren Ton und halte ihn. Merke dir, wie er sich „anfühlt". Wiederhole dies mehrmals, **ohne** deinen Ansatz zu verändern.
▸ Versuche dann, den erreichten Ton mit der Zunge **anzustoßen**, ohne erneut Luft zu holen. Wiederhole den Zungenstoß, bis dein Luftstrom verbraucht ist.
▸ Stoße ihn jetzt direkt an, vorausgesetzt du hast bereits ein gutes Gefühl für den Ton entwickelt.

Diese im Tipp beschriebene Annäherungsübung habe ich dir noch einmal für das „hohe D" ausnotiert. Sie kann als Musterübung auf alle weiteren hohen Töne bis zum „hohen Fis/Ges" übertragen werden.

Vorübung

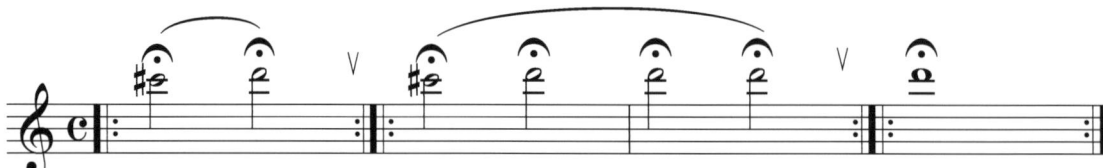

Mit den folgenden Übungen kannst du deine Tonqualität in der hohen Lage entwickeln und die technischen Abläufe der Grifffolgen verbessern. Damit der Übergang zwischen den dir bereits bekannten Tönen und dem „hohen D" ohne hörbare Brüche erfolgt, solltest du erst *legato* und *ganz langsam* üben.

Das hohe D

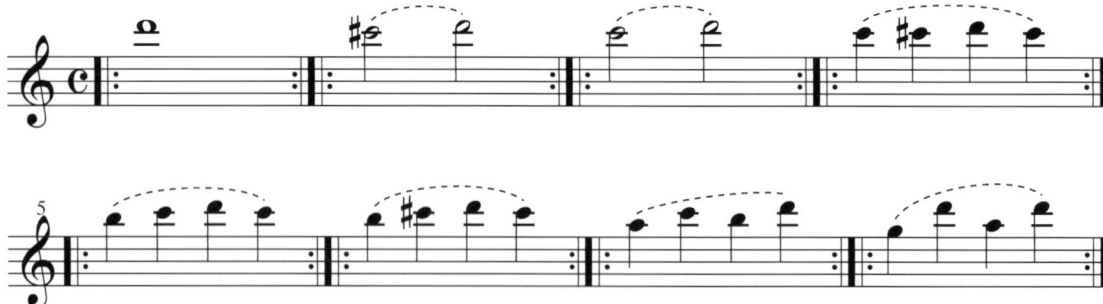

Oktavklappe

Das hohe Dis / Es

Der Griff für das „*hohe Dis*" setzt sich aus dem Griff für das „*hohe D*" **und** *der oberen Seitenklappe* zusammen. Beide Hebel drückst du gleichzeitig mit dem *linken Zeigefinger*. Der obere Seitenklappenhebel wird mit dem ersten Gelenk des Fingers gedrückt, der äußere mit der Fingerwurzel. Achte darauf, den Zeigefinger nicht ganz durchzustrecken.

Linke Hand
Seitenklappen

dis

es

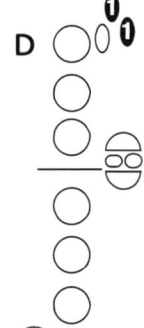

Versuche zunächst wieder, dich dem „hohen Dis/Es" anzunähern.

Vorübung

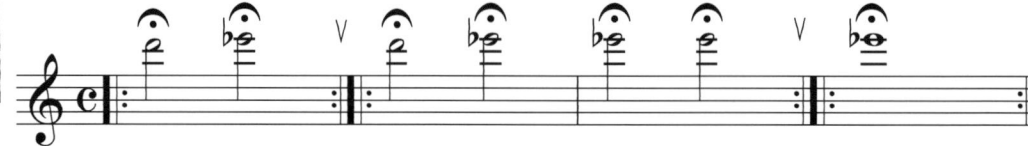

Das hohe Dis/Es

Übe auch die folgenden technischen Übungen erst *legato* und *ganz langsam!*

Das hohe Dis/Es

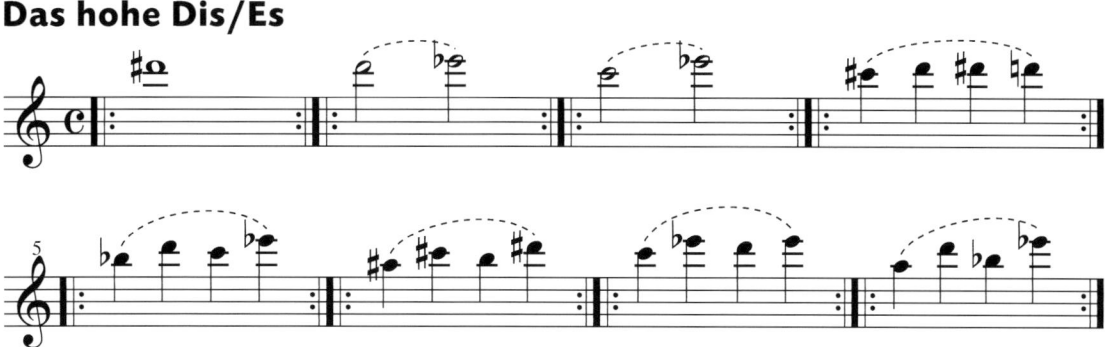

La Bamba beruht auf einer überlieferten Melodie aus Mexiko. Sowohl das „hohe D" als auch das „hohe Es" sind darin enthalten. *La Bamba* steht in **B-Dur**, enthält also zwei ♭. *Takt 15 und 16* sind *zweistimmig* gesetzt. Die untere Stimme kann dein Lehrer oder ein befreundeter Saxophonist übernehmen.

La Bamba
Traditional aus Mexiko

Achtung!
B-Dur:
„h" = „b"
„e" = „es"!

Das hohe E

Beim *„hohen E"* kommt die *rechte Hand* zusätzlich zum Einsatz. Du greifst das „hohe Dis/Es" und drückst zusätzlich mit dem *rechten Zeigefinger* die *obere, rechte Seitenklappe* (zwei Klappen *oberhalb* der dir bereits bekannten *Seiten-B-Klappe*). Du erreichst sie am besten, indem du mit der rechten Hand von der *Seiten-B-Klappe* hinauf bis zur oberen, rechten Seitenklappe rutschst. Sie ist bei den meisten Saxophonmodellen nach oben abgewinkelt, damit man nicht darüber hinausrutscht. Gewöhne dir erst gar nicht an, die obere Seitenklappe mit der Fingerkuppe, sondern mit dem untersten Glied zu greifen. Du wirst sonst Griffverbindungen, die das „hohe E" mit Tönen aus der mittleren Oktave verbinden, nicht schnell und flüssig genug ausführen.

Die Seitenklappen rechts

Linke Hand

Rechte Hand

Das hohe E

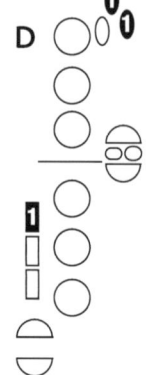

Spiele zunächst die Vorübungen *legato* und stoße das „hohe E" dabei an. Nähere dich so dem neuen Ton an. Achte auf die Tonqualität sowie auf flüssige Ausführung!

Vorübung

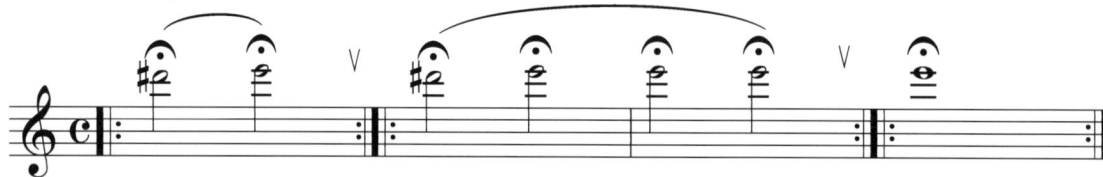

Das hohe E

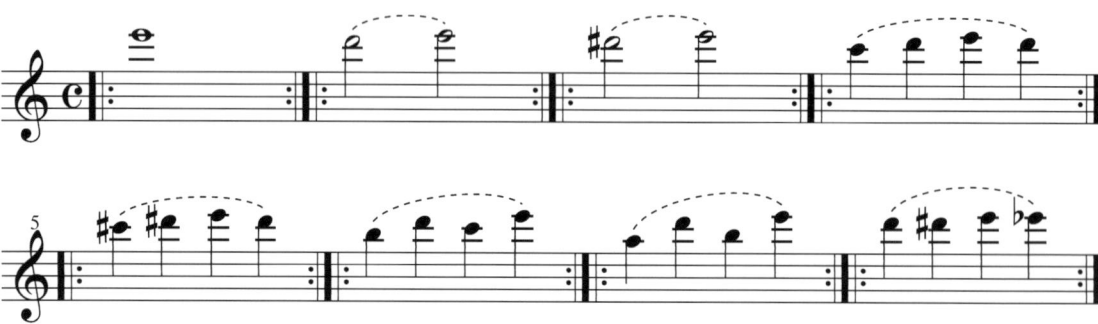

Scarborough Fair ist ein überlieferter Folksong aus Irland. Die Melodie enthält neben dem „hohen E" auch noch einige andere hohe Töne. Wenn du sie nicht direkt *angestoßen* spielen kannst, versuche es zunächst *legato*.

Scarborough Fair

Irisches Traditional

E-Moll:
„f''" = „fis"

Garantiert Saxophon lernen - Lektion 9

Das hohe F

Greife das „hohe E" und drücke zusätzlich die *dritte Seitenklappe* mit dem *unteren Gelenk des linken Mittelfingers*. Das ist das „hohe F".

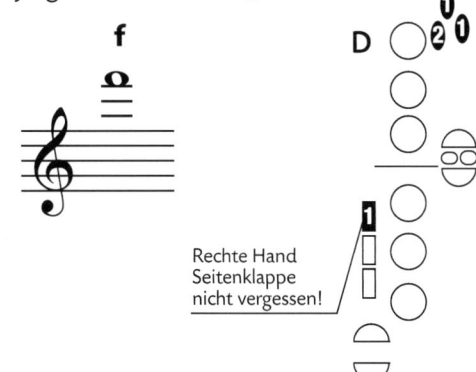
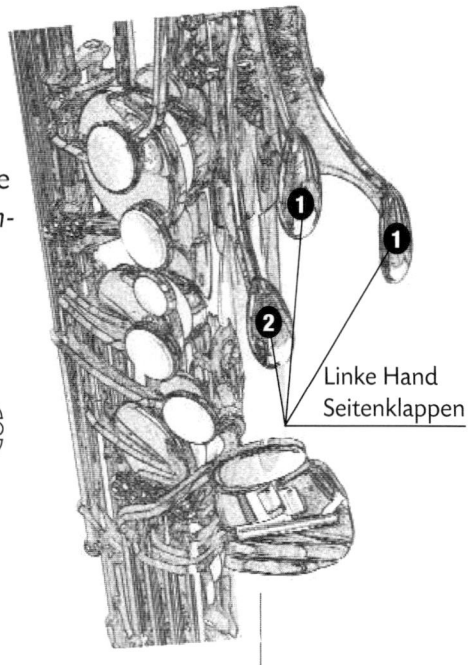

Das untere Gelenk des linken Mittelfingers bedient die dritte Seitenklappe.

Linke Hand Seitenklappen

Vorübung

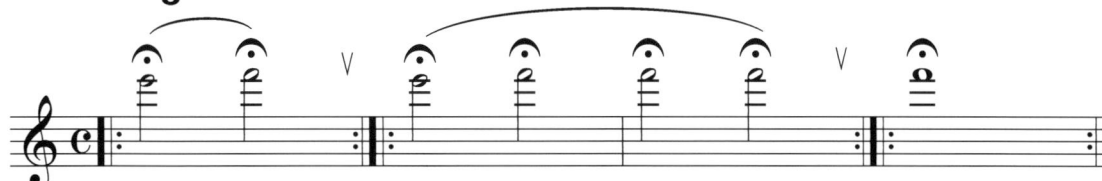

Das hohe F

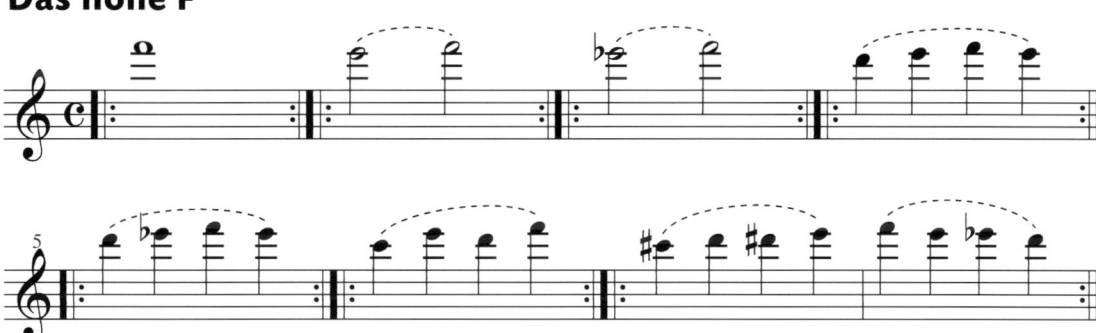

The House of the Rising Sun ist ein Traditional, das in den 60er Jahren des 20. Jahrhunderts *Eric Burdon* mit seiner Band *The Animals* berühmt gemacht hat. Das Playback beginnt mit einem viertaktigen Intro. Verpasse den Auftakt auf der Zählzeit „drei" nicht.

The House Of The Rising Sun

Traditional

Achtung!
drei b-
Vorzeichen:
„h" = „b"
„e" = „es"
„a" = „as"!

The House Of The Rising Sun

Spielwiese

1. Trage die Zahlen der Greiffinger ein und benenne den Ton!

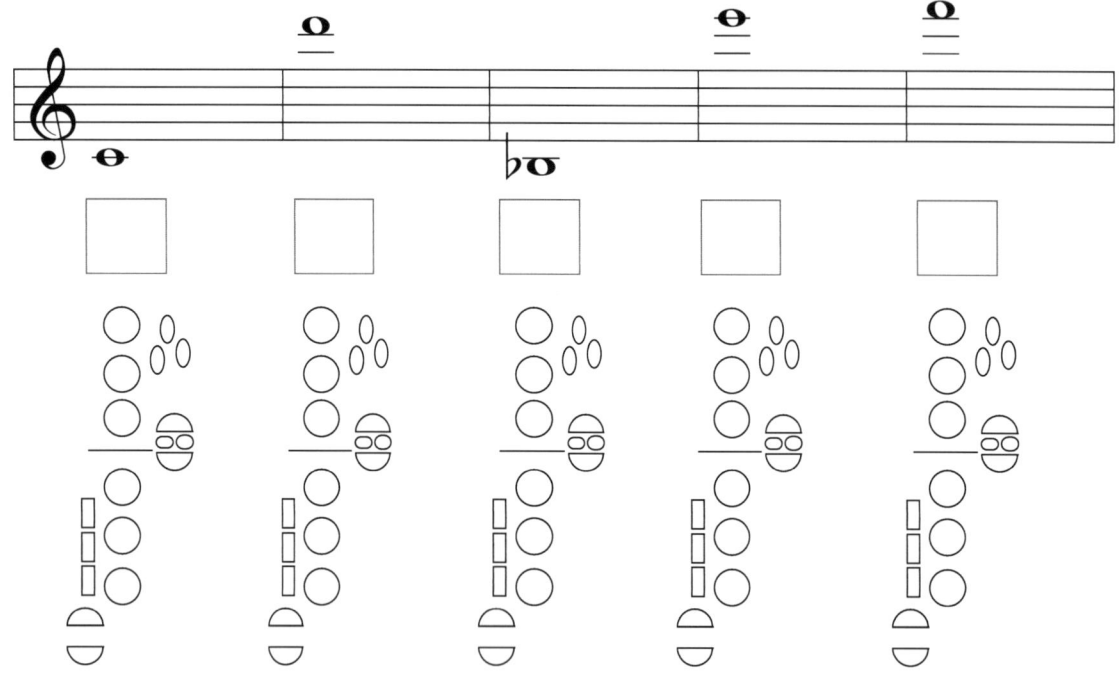

Alle Lösungen auf der Internetseite:
www.garantiertsax.de

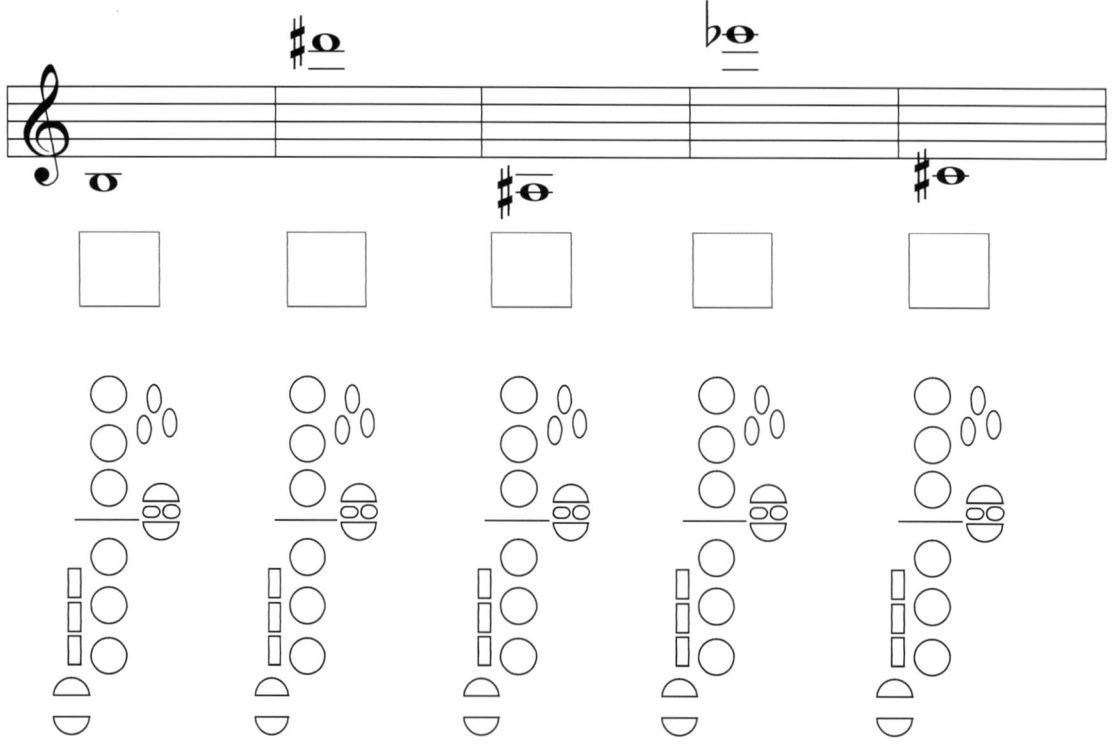

Lektion 10

Das lernst du:

Grundbegriffe
Die Dynamik
pp, p, mp, mf, f, ff, fp
Crescendo / Diminuendo
Die Sechzehntel
Die punktierte Achtel
Staccato

Neue Töne
Das hohe Fis/Ges
Das Gabel F, Gabel E, Gabel Fis/Ges
Das Triller C, Triller Fis/Ges

Repertoire
Übungen
Take Me Higher
Thema aus: Zarathustra
Oh Happy Day
Can-Can
St. James Infirmary
The Entertainer

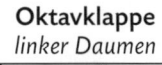

Das hohe Fis/Ges

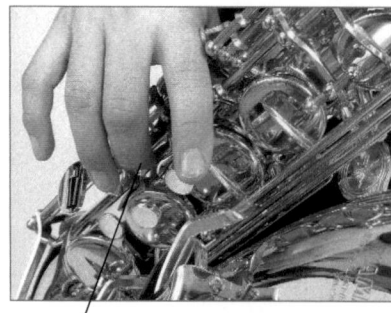

Das „hohe Fis" bzw. „hohe Ges" ist der höchste, regulär gegriffene Ton auf dem Saxophon. Greife zunächst das „hohe F" und drücke mit der *Fingerkuppe des rechten Mittelfingers* die **Hoch-Fis/Ges-Klappe** (*vgl. Foto*).

Sowohl der Griff für diesen Ton als auch die Ansprache des „hohen Fis/Ges" sind am Anfang sehr anspruchsvoll. Wende deshalb immer wieder die Übung für die Ansprache der hohen Noten an (*vgl. Übung hoch Fis*), wenn „hoch Fis/Ges" nicht gleich ansprechen wollen.

Die Hoch-Fis-Klappe wird mit der ***Fingerkuppe des Mittelfingers*** *gegriffen.*

Solltest du ein älteres Saxophon besitzen, das diese *Hoch-Fis/Ges-Klappe* noch nicht integriert hat, kannst du dieses Kapitel überspringen. Mache auf *Seite 121* im Kapitel *Dynamik* weiter. Für den Alternativgriff „Hoch-Fis/Ges" siehe S. 124.

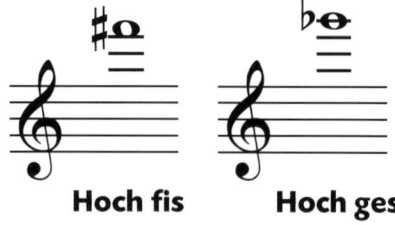

Übung Hoch Fis

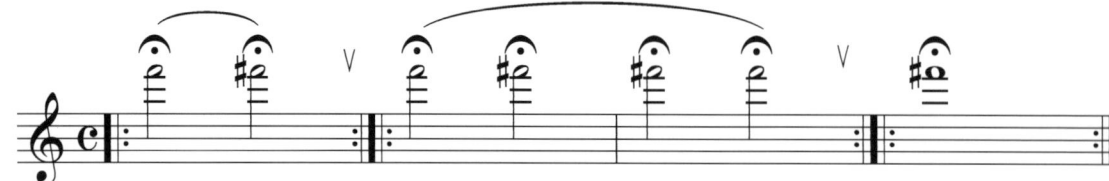

Übung Hoch Fis/Hoch Ges

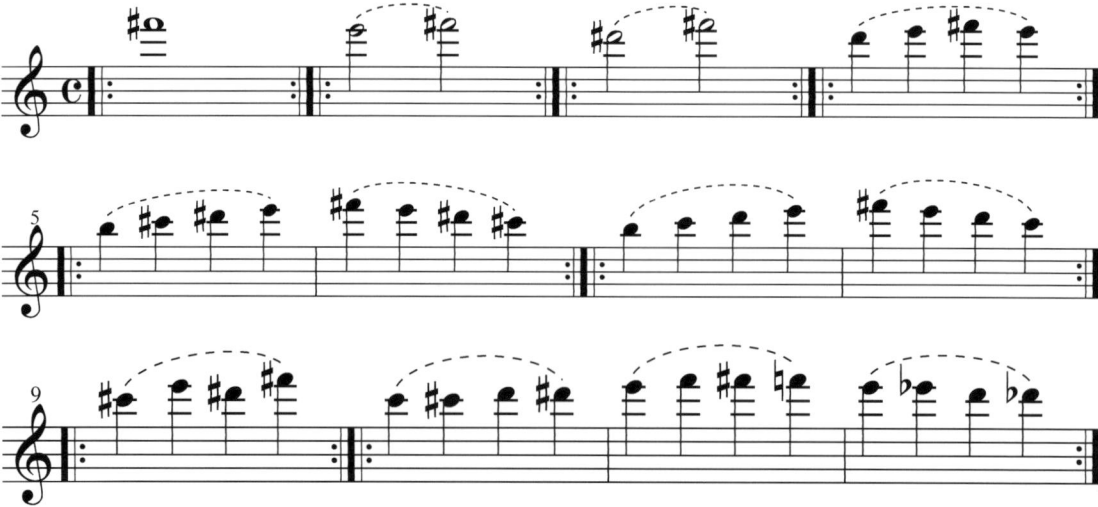

Wenn du diese Übungen gut gemeistert hast, kannst du das nächste Stück mit „hoch Fis" angehen.

Take Me Higher

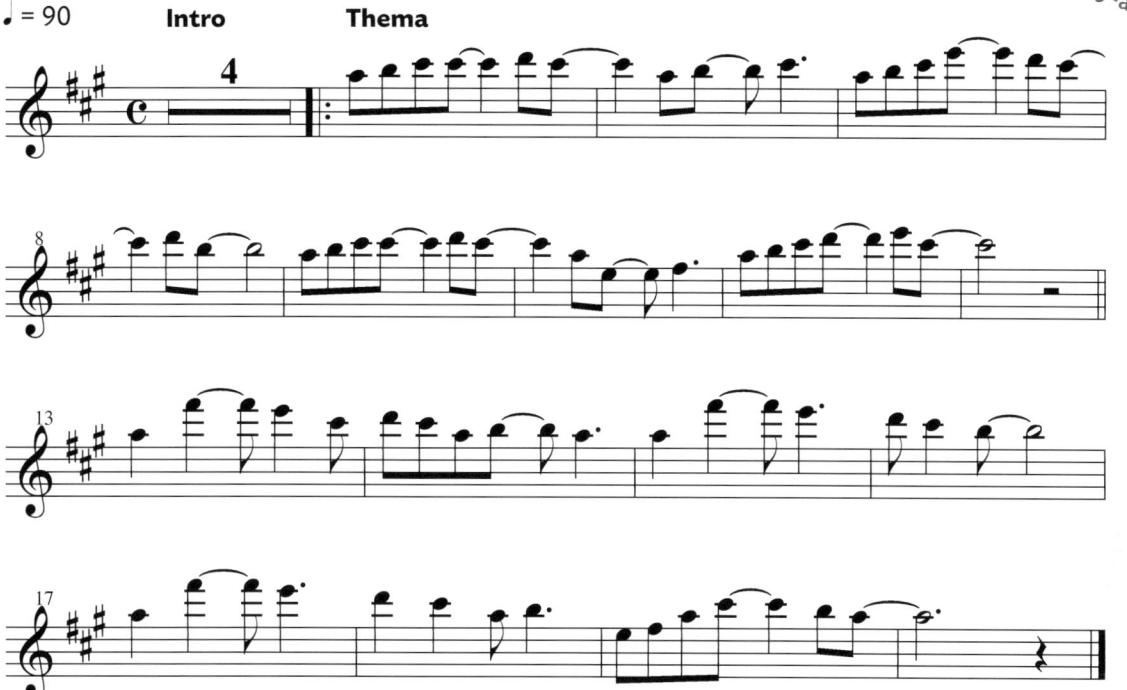

MP3-Playback auf *www.garantiertsax.de* zum Download!

Achtung!
A-Dur:
„f'' = „fis"
„c'' = „cis"
„g'' = „gis"!

Die Dynamik - laut und leise

Für *laut* und *leise* verwendet man in der Sprache der Musik den Begriff „Dynamik". Je nach dem, mit wieviel Druck du deine Atemluft ins Saxophon stößt, klingt dein Ton *lauter* oder *leiser*. Dafür sind in der Notation folgende Zeichen vorgesehen:

Diese Dynamik-Angaben sind natürlich immer relative Werte und müssen im musikalischen Zusammenhang gesehen werden. Es ist eben ein Unterschied, ob ein Kammer- oder ein Sinfonieorchester, eine Jazz-Combo oder eine Rockband laut und leise definieren.

DYNAMIKZEICHEN

f	*p*
forte - laut	piano - leise
mf	*mp*
mezzoforte-halblaut	mezzopiano-halbleise

Natürlich sind auch feinere Abstufungen und Nuancen möglich. Sie werden ausgehend von den oben genannten Zeichen abgeleitet. Hier die gebräuchlichsten:

mehr Luft = lauter

weniger Luft = leiser

pp	*p*	*mp*	*mf*	*f*	*ff*
pianissimo	piano	mezzopiano	mezzoforte	forte	fortissimo
(sehr leise)	(leise)	(halbleise)	(halblaut)	(laut)	(sehr laut)

Möchte man die Lautstärke nicht abrupt, sondern fließend verändern (*allmählich leiser oder lauter werden*), werden die nebenstehenden Zeichen verwendet:

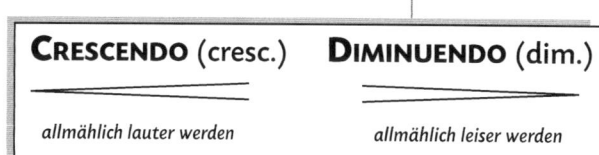

CRESCENDO (cresc.)   **DIMINUENDO** (dim.)

allmählich lauter werden   allmählich leiser werden

Möchte man abrupt leiser werden, verwendet man *fp*.
(*laut beginnen und dann sofort leiser werden*)

Dynamisch klingt besser!

Aber Achtung!
Die *häufigsten Fehler* bestehen darin, den Ansatz zu verändern:
Bei lauter Spielweise:
Nicht den Ansatz lockern, um mehr Luft fließen zu lassen. Dadurch wird der Ton zwar lauter, aber leider zu tief. Erhöhe lediglich deinen Luftausstoß.
Bei leiser Spielweise:
Nicht den Ansatz verstärken. Der Luftdurchfluss wird dadurch zwar gedrosselt, der Ton klingt aber zu hoch. Vermindere also lediglich deinen Luftausstoß.

Bei den folgenden Übungen kommt dies zur Anwendung. Achte also besonders darauf, dass dir diese Ansatzfehler nicht unterlaufen. Wenn du ein *Stimmgerät* besitzt, nutze es zur Kontrolle. Wenn nicht, spiele die Übungen mit deinem *Lehrer*, um die *Intonation (Stimmung)* der beiden Saxophone zu vergleichen.

Bei Dynamikwechseln Ansatz nicht verändern!

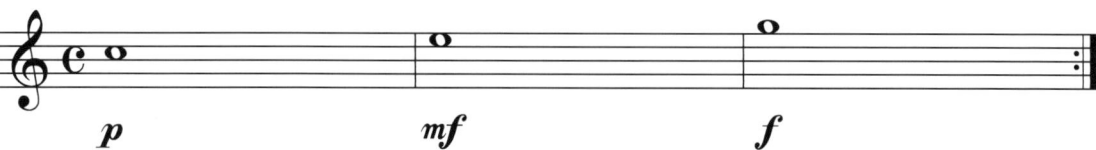

Versuche in der nächten Übung, die Lautstärke allmählich zu steigern. Im letzten Takt soll der Ton „H" *laut* angespielt werden, um dann sofort wieder *leiser* zu werden. Das „B" soll dann bis zum *forte* anschwellen. Es handelt sich übrigens um das Thema von *Also, sprach Zarathustra* des Komponisten *Richard Strauss*.

Thema aus: Also sprach Zarathustra
Richard Strauss

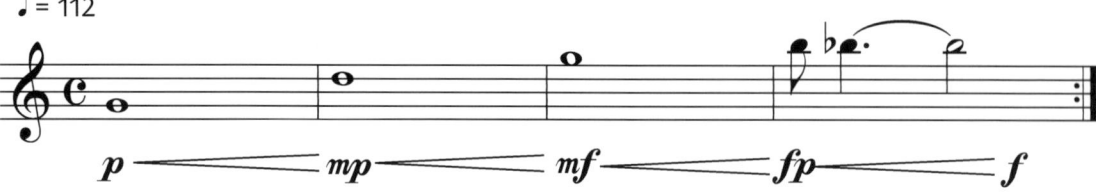

Den Gospel-Klassiker *Oh Happy Day* kennt man spätestens aus dem Film *Sister Act* mit Whoopie Goldberg. Die Melodie besteht aus dem Gospel-typischen Frage- und Antwort-Spiel zwischen Solo- und Chorgesang. Die Soloparts sind immer etwas lauter, als die Antwort des Chores *(grau unterlegt)*. Spiele entweder beide Parts oder teile sie auf zwei abwechselnde Stimmen z.B. mit deinem Lehrer auf.

Oh Happy Day
Traditional

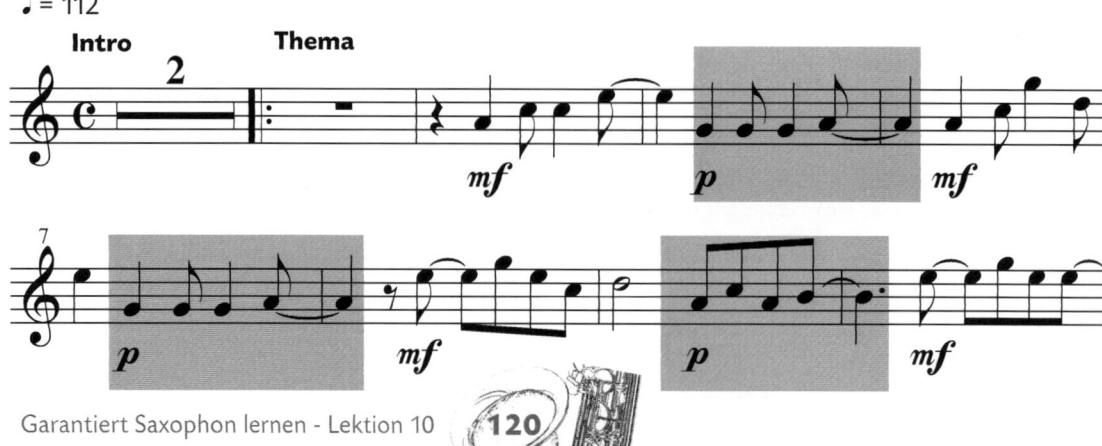

Garantiert Saxophon lernen - Lektion 10

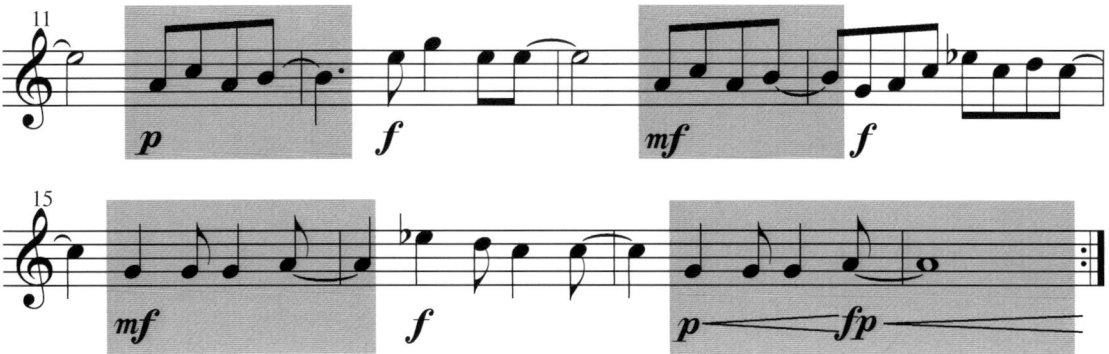

Der Gabelgriff

Alternativgriffe

Auf dem Saxophon gibt es sogenannte Alternativ- und Trillergriffe. Sie kommen zum Einsatz, wenn der schnelle Griffwechsel zwischen den konventionellen Griffen kein befriedigendes Ergebnis bringt. Die gängigsten sind:

Das Gabel-F

Das Gabel-F

Greife den Ton „C" mit der *Oktavklappe*. Der *Zeigefinger der linken Hand* rutscht über die „H"-Klappe nach oben und drückt das *„Gabel-F"* (vgl. Foto). Dieser Griff ist besonders hilfreich für die Verbindung zwischen dem *„hohen C"* und dem *„hohen F"*. Das Gabel-F funktioniert nur mit Oktavklappe.

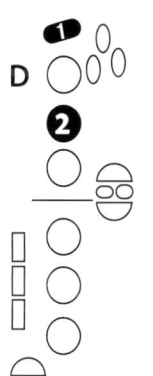

Das Gabel-E

Das *„Gabel-E"* kombiniert das *„Gabel-F"* mit dem *Ringfinger der linken Hand* (G-Griff). Auch dieser Gabelgriff funktioniert nur mit Oktavklappe.

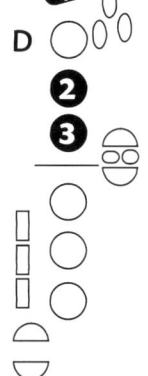

Das Gabel-E

Gabelgriffe

Der Alternativgriff für das hohe Fis (Gabel-Fis)

Greife das „Gabel-F" und füge die *Seitenklappe für das Seiten-B* mit dem *untersten Glied des rechten Zeigefingers* hinzu. Wie alle vorherigen Griffe existiert es nur mit *Oktavklappe*.

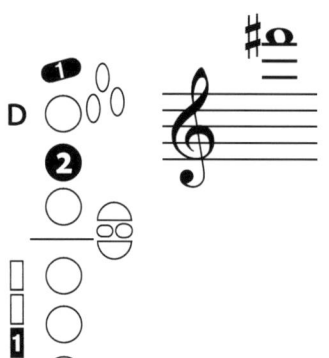

Das Gabel-F (linke Hand) *Das Seiten-B (rechte Hand)*

In den nächsten Übungen kannst du diese Alternativgriffe ausprobieren. Da die Ansprache nicht immer einfach ist, übe erst *legato*, bevor du *angestoßen* spielst.

Gabel-F **Gabel-F/E** **Gabel-F/E/Fis**

Trillergriffe

Wechselt man sehr schnell zwischen zwei Tönen hin und her, spricht man von einem *Triller* (tr). Bei den meisten Griffverbindungen ist dies motorisch entweder einfach oder durch genügend Übung machbar. Eine Ausnahme bilden die Tonfolgen **„H" nach „C"** sowie **„F" nach „Fis (Ges)"**, da sich hier Zeige- und Mittelfinger abwechselnd synchron auf und ab bewegen müssen. Das macht einen schnellen Triller so gut wie unmöglich. Aus diesem Grund bedient man sich der folgenden *zwei Spezialgriffe*:

Das Triller-C (rechte Hand)

Das Triller-C

Greife den Ton „H" mit dem *linken Zeigefinger*. Drücke jetzt zusätzlich mit dem *untersten Glied deines rechten Zeigefingers* die *mittlere Seitenklappe*, die sich *oberhalb* der B-Seitenklappe und *unterhalb* der Seitenklappe für das „hohe E" befindet. Es erklingt das Triller-C. Diesen Griff gibt es *mit und ohne* Oktavklappe.

Spiele die folgende Übung erst langsam und dann schneller. Achte auf *Gleichmäßigkeit* im Tempo.

Das Triller-Fis (Ges)

Das „*Triller-Fis (Ges)*" setzt sich aus dem **F-Griff** und der **Fis/Ges-Trillerklappe** zusammen. Spiele zunächst den Ton „**F**" und drücke dann zusätzlich mit dem *rechten Ringfinger* die Triller-Fis (Ges)-Klappe, die sich zwischen der „Dis/Es-Klappe" und der „Hoch-Fis/Ges-Klappe" befindet.

Sowohl das Triller-C als auch das Triller-Fis/Ges lässt sich *mit* wie auch *ohne Oktavklappe* erzeugen.

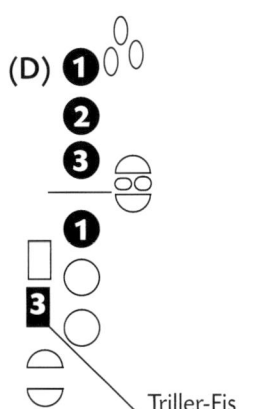

Das Triller-Fis (Ges)

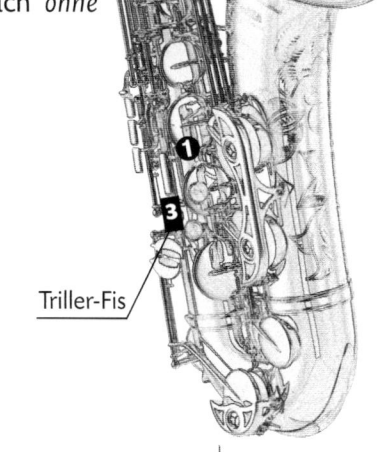

Triller-Fis

Spiele die nebenstehende Übung erst langsam und dann schneller. Achte auf *Gleichmäßigkeit* im Tempo.

 Die Sechzehntel

Teilen wir die *Achtelnoten*, erhalten wir *Sechzehntelnoten*, womit sie um die Hälfte kürzer sind als Achtelnoten. Die Sechzehntel ist also der sechzehnte Teil einer Ganzen Note. Das ergibt *vier Noten* pro Viertelzählzeit. Gezählt werden Sechzehntel in folgender Weise: „**1 - e - und - te, 2 - e - und - te**" usw.

Optisch unterscheidet sich die Sechzehntel von der Achtelnote darin, dass am Notenhals seitlich *zwei* sogenannte *„Fähnchen"* angebracht sind. Treten mehrere Sechzehntel nebeneinander auf, können die Fähnchen durch einen *Doppelbalken* ersetzt werden.

Setzt du mit dem Spielen einen *Viertelschlag* lang aus, spricht man von einer *Sechzehntelpause*.

SECHZEHNTELNOTEN UND -PAUSEN

Erhalten $1/4$ Schlag (4. Teil einer Viertel).
Mehrere Sechzehntel können mit zwei Balken verbunden werden, der die Fähnchen ersetzt.

Zähle: 1 e und te 2 e und te 3 e etc.

Die Rhythmuspyramide

Die *Rhythmuspyramide* zeigt noch einmal das Verhältnis der Sechzehntel zu den anderen Notenwerten. Der *Prozess des Halbierens der Notenwerte* wird immer deutlicher.

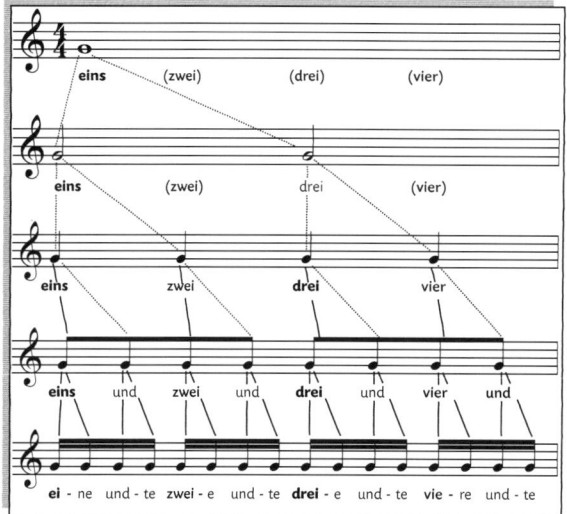

Von Achteln zu Sechzehnteln

Um sich den Sechzehntelrhythmus nicht nur theoretisch zu erschließen, braucht man lediglich *das Tempo zu halbieren*, wie die vier folgenden Beispiele anschaulich zeigen. Wie gehabt, wird die gleiche Melodie einmal im $^4/_4$-Takt auf Tempo 120 und dann mit Sechzehnteln im $^2/_4$-Takt, Tempo 60, gespielt:

Folgt eine Achtel auf zwei Sechzehntel innerhalb einer Viertelzählzeit, wird mit Balken zusammengefasst.

Diese Sechzehntelfiguren finden sich im folgenden *Can-Can* von *Jacques Offenbach* wieder. Da in dieser Melodie recht viele Sechzehntelläufe hintereinander kommen, empfiehlt es sich, diese Passagen einzeln und sehr langsam zu üben. Auch kann es am Anfang hilfreich sein, die Sechzehntelnoten wie Achtel zu behandeln und nicht schneller als *Tempo 136* zu üben. Dafür ist ein *Metronom* zur Tempokontrolle wichtig. Wenn du dann zum Playback spielst, entspricht das dem vorgegebenen *Tempo 68* für die Sechzehntelnoten (*vgl. Vorübungen*).

Achtung!
F-Dur:
„h" = „b"!

Can-Can
Jacques Offenbach (1819 - 1880)

Fine

 Folgen zwei Sechzehntel auf eine Achtel innerhalb einer Viertelzählzeit, wird ebenfalls mit Balken zusammengefasst.

Achtung!
D-Dur:
„f" = „fis"!
„c" = „cis"

Hier noch die Kombination einer punktierten Viertel mit zwei Sechzehntelnoten als Vorübung für *St. James Infirmary*.

St. James Infirmary

Traditional, USA

Achtung!
H-Moll:
„f" = „fis"!
„c" = „cis"

Von Achteln zu Sechzehnteln

Rhythmische Variationen mit Sechzehnteln

Die folgenden verschiedenen rhythmischen Variationen mit Sechzehnteln bereiten auf das letzte Stück in dieser Schule vor, den *Entertainer* von *Scott Joplin* (vgl. S. 129). Er enthält etliche dieser Varianten. Um sie schnell in den Griff zu bekommen, sind sie wieder einzeln dargestellt, zunächst im $^2/_4$-Takt (Tempo 60 - mit Sechzehnteln) und dann zum Vergleich noch einmal im $^4/_4$-Takt (Tempo 120 - mit Achteln). Stelle die beiden Tempi am Metronom ein.

Die punktierte Achtel

Dass der Punkt hinter einer Note diese um die Hälfte verlängert, gilt natürlich für alle Notenwerte, also auch für die punktierte Achtel. Ihr Notenwert entspricht demnach drei Sechzehnteln bzw. einer Achtel und einer Sechzehntel. Mit einer zusätzlichen Sechzehntel zusammen ergibt sie eine Viertelzählzeit. Die punktierte Achtel tritt sowohl auf der Zählzeit (*Beispiel 1*) als auch eine Sechzehntel (*Beispiel 9*) danach auf.

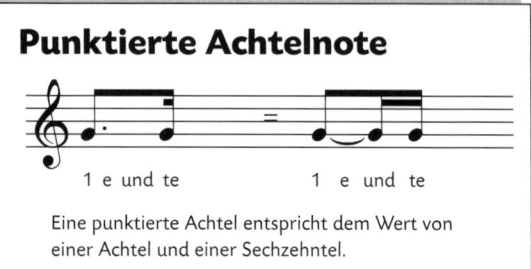

Punktierte Achtelnote

1 e und te   1 e und te

Eine punktierte Achtel entspricht dem Wert von einer Achtel und einer Sechzehntel.

Garantiert Saxophon lernen - Lektion 10

Staccato

Befindet sich ein *Punkt* über oder unter einer Note, so wird sie kürzer als ihrem eigentlichen Wert entsprechend, also *staccato*, gespielt. Sie klingt etwa halb so lang wie ihr Notenwert angibt.

Spieltechnisch erzeugst du das Staccato, indem du den Ton mit der Zunge weich abstoppst. Sie sollte *getupft* klingen, nicht abgerissen. *Keinesfalls* wird sie aber betont wie der *kurze Akzent* (vgl. S. 45).

> **STACCATO**
>
> Die Note wird kürzer als ihrem eigentlichen Wert entsprechend gespielt.
> **Faustregel:** Die Note wird um die Hälfte ihres normalen Werts gekürzt.
> Z.B. 1 Staccato-Viertel = 1 Achtel + 1 Achtelpause

Die nebenstehenden Übungen stellen notierte und ausgeführte Version einander gegenüber. Wie unschwer zu erkennen, ist die mit Staccatopunkten notierte Version erheblich leichter zu lesen.

So, jetzt hast du alle Voraussetzungen, dich an den *Entertainer* von *Scott Joplin* zu wagen. Übe auch hier die Sechzehntelpassagen erst *sehr langsam,* bis alle Griffwechsel fehlerfrei funktionieren.

The Entertainer
Scott Joplin (1868 - 1917)

Achtung! Die Entertainermelodie lebt von der Dynamik (*vgl. 121ff.*). Aber übertreibe es nicht, sondern achte auf einen allmählichen Übergang von laut nach leise und umgekehrt. Vermeide plötzliche Lautstärkensprünge.

Spielwiese

1. Spiele *Clementine* unter Beachtung der Dynamikzeichen!

Alle Lösungen auf der Internetseite: *www.garantiertsax.de*

2. Trage die zu den Griffen gehörenden Noten ein und benenne den Ton!

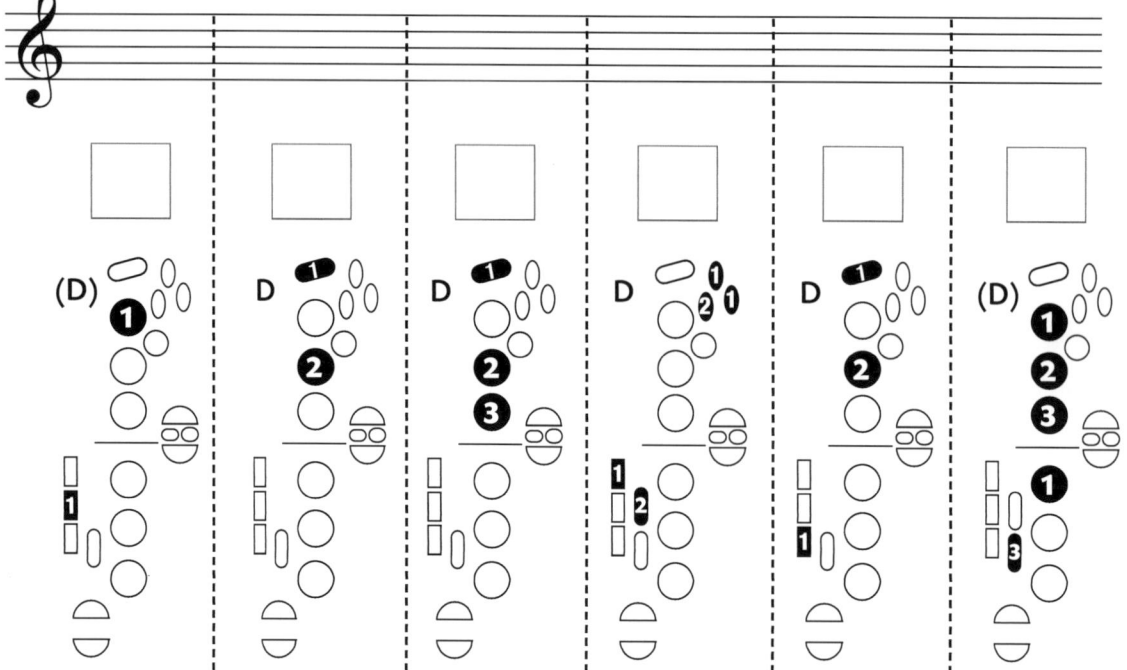

Garantiert Saxophon lernen - Lektion 10

Ausklappbare Saxophon-Grifftabelle

Alle Töne und Griffe auf einen Blick!

Grifftabelle ausklappen und parallel zu den Lektionen aufgeschlagen lassen!